KB146815

이광수, 일본을 만나다

이광수,
일본을
만나다

하타노 세츠코 지음
최주한 옮김

푸른역사

한국어판 서문

《무정》을 읽은 지 올해로 30년이 된다. 내가 이광수를 연구하게 된 것은 《무정》을 읽은 것이 계기였다. 그 무렵 나는 한국어 공부를 시작한 지 3년 정도밖에 되지 않아 어학 실력도 충분하지 않았다. 내 한국어 실력은 몇 번이고 《무정》을 되풀이하여 읽고, 《무정》을 이해하는 데 도움을 준 서적들(특히 김윤식 선생의 《이광수와 그의 시대》에 신세를 졌다)과 논문을 읽으면서 늘었던 것이다. 이윽고 나는 《무정》에 관한 논문을 쓰고, 《무정》을 일본어로 번역하고, 이 평전을 집필하고, 그러고 보니 인생의 거의 반을 이광수와 함께 지내온 셈이다.

《무정》은 읽을 때마다 새로운 발견을 주는 불가사의한 소설이다. 주인공 형식을 본인도 깨닫지 못한 채 움직이게 하는 욕망, 버림받은 영채의 마음속에도 내재한 슬픈 허영심, 새로운 근대적 연애의 실천 속에서 펼쳐지는 선형과 형식 간의 자존심 갈등. 무엇보다도 헌병, 경찰관, 경찰서장 등이 상징하는 일본 지배하의 모습을, 검열을 우회하기라도 하듯, 읽는 독자도 의식하지 못하게끔 아무렇지도 않게 써넣은 데서, 일제 무단통치기 한국에서 당대소설을 쓰는 일의 어려움과 이를 완수해낸 작가의 범상치 않은 역량을 엿볼 수 있다.

《무정》의 대단함은 비단 내용에 그치지 않는다. 최근 내가 주목하고 있는 것은 《무정》의 표기에 관한 것이다. 《무정》이 근대소설의 효시로 간주되는 이유 중 하나는 한글로 씌어졌다는 점에 있다. 그런데 《무정》은 원래 국한문소설이 될 예정이었다. 연세대학의 김영민 교수가 밝혔듯이, 연재 시작 3일 전까지 《무정》은 국한문혼용문으로 씌어질 것이라는 예고가 신문지면에 나갔음에도 불구하고, 마지막 순간에 방침이 바뀌어 1917년 1월 1일 연재가 시작된 《무정》은 한글로 게재되었다. 이 무렵 이광수가 쓴 소설은 모두 국한문소설이고, 《무정》에 이어 연재하기 시작한 《개척자》도 그렇다. 유독 《무정》만 한글로 표기된 것은 한국문학사의 수수께끼인 것이다.

내가 《무정》을 번역하던 당시 형식과 선형이 처음 만나는 부분을 번역하면서 문체가 진부하다고 느꼈던 것을 기억한다. 그런데 마지막까지 번역을 끝냈을 때 그 진부함은 사라져 있었다.

아마도 이광수는 《무정》을 국한문으로 쓰기 시작하여 도중에 한글로 바꾸었을 것이다. 그리고 이와 동시에 문체가 근대화했던 것이다. 이러한 표기 변경은 한국어의 문체사文體史에서 극히 커다란 의미를 갖는다. 21세기에 들어 한국어는 국한문 표기에서 완전히 자유로워지고 문체의 독자성을 급속히 진화시켜가는 중인데, 《무정》의 한글 표기는 바로 그 첫걸음이었던 것이다.

이렇게 《무정》은 여러 가지 의미에서 '기념비'적인 작품이다. 그런 만큼 이 작품을 쓸 무렵까지의 이광수의 삶에 대해서는 연구가 꽤 진척되어 있지만, 그 이후의 삶에 대해서는 그렇지 못하다. 1937년 동우회사건 후 재판과정에서 이광수가 대일협력을 공식 표명하고 일본어로 글을 쓰게 되는 시기부터는 특히 선행 연구가 적어서 손에 닿는 자료만으로 이 책을 썼다. 그 과정에서 나 자신도 알지 못했던 많은 것을 알게 되었고, 알지 못했던 것을 솔직히 부끄럽다고 생각했다. 이 시기에 대해서는 한국에서 이후 좀 더 상세한 연구가 이루어지기를 기대하고 있다.

이 책은 원래 이광수라는 작가를 일본인에게 알리고 싶어서 쓴 것이다. 일본인 독자를 대상으로 쓴 것인 만큼 한국의 독자들은 어쩌면 내가 예상치 못한 방식으로 이 책을 읽게 될지도 모르겠다. 또는 이 책이 이광수에 대해 지나치게 호의적이라고 느끼는 독자도 있을지 모른다. 만일 이 책이 이광수에 대해 호의적으로 보인다면, '얇은 사랑'이기 때문이라고 생각해주시기 바란다. 나는 가능한 한 손에 닿는 자료를 모으고 사실에 정확성을 기하며 성의를 다하여 이 책을 썼다. 내가 좋아하는 한국어에 '정성'이라는 단어가 있다. 이 '정성'은 한국의 독자들에게도 전달될 것이라고 나는 믿는다.

다만 양해를 구하지 않으면 안 될 일이 있다. 이 한국어판에는 한국인 독자를 고려하여 다소 변경한 데가 있다. 일본어판인 쥬코신서中公新書의 방침은 일본의 대학생 1, 2학년이 사전 없이도 이해할 수 있는 수준을 지향한 것이어서 일본인 독자에게 부족하다고 생각되는 역사적 지식을 보충하는 방식으로 가능한 한 알기 쉽게 썼다. 그런 만큼 한국인 독자에게는 상식적인 서술도 섞여 있는데, 그런 부분은 삭제하고 반대로 일본인 독자에게는 불필요하지만 한국인 독자에게는 설명이 필요한 부분은 덧붙이고, 또 역사적인 용어도 한국에서 사용되는 일반적인 표현으로 바꾸도록 번역자와 출판사에게 부탁했다. 물론 내가 확인했고 책임은 다 내게 있다.

이 평전을 쓰는 데 도움을 받은 것은 2013년부터 3년간 일본학술진흥회에서 과학연구비를 받아서 행한 한일공동연구 〈조선 근대문학과 일본어 창작에 관한 종합적 연구朝鮮近代文學における日本語創作に關する綜合的研究〉이다. 한국에서는 (이하 경칭은 생

략함) 김영민, 황종연, 김철, 김재용, 이경훈, 서영채, 정선태, 박광현, 정종현, 이상우, 권명아, 구인모, 이혜진, 황호덕, 이영재, 차혜영, 함태영, 이현식, 곽형덕, 신지영, 권두연, 최주한 선생이 공동연구자로서 매년 개최한 국제심포지엄에 참가하여 일본어 창작에 관한 연구 발표와 토론을 진행했다. 일본어 창작이라는 문학사의 어두운 부분에 대해 일본과 한국의 연구자들이 기탄없이 의견을 교환한 것은 귀중한 경험이었고, 나로서는 학술적으로뿐만 아니라 정신적으로도 커다란 도움이 되었다. 이 자리를 빌려 공동연구에 참가해준 여러 선생님들께 진심으로 감사드린다.

1916년 말 이광수가 도쿄에서 《무정》을 쓰기 시작한 지 꼭 100년, 이 기념적인 해에 그의 평전을 한국에서 출판할 수 있게 되어 무척 기쁘다. 본서를 푸른역사에서 출판할 수 있도록 소개해준 서강대학의 최기영 선생, 흔쾌히 출판을 맡아준 박혜숙 대표, 신중한 교열과 더불어 솔직한 참고 의견을 보내준 안희주 씨, 그리고 무엇보다도 수고를 마다 않고 이 책을 번역해준 최주한 선생에게 깊이 감사드린다.

2016년 8월

하타노 세츠코

책머리에

    이광수李光洙(1892~1950?). 그를 한국에서는 '이광수', 북한에서는 '리광수', 일본에서는 '리코슈'라고 부른다. 그가 1917년에 발표한 장편소설《무정無情》은 한국 문학사에서 최초의 근대적 장편소설로 평가받는다. 한국 학생이라면 적어도 그의 이름과《무정》이라는 소설 제목은 알고 있다. 후타바테이 시메이二葉亭四迷의 〈뜬구름浮雲〉과 루쉰魯迅의 〈광인일기狂人日記〉가 일본과 중국에서 최초의 근대소설로 간주되듯이《무정》은 한국 근대소설의 효시다. 이광수는 북한 문학사에도 1990년대 이후 '부르주아 계몽주의 문학자'라는 이름으로 등장한다.

    일본에서는 극히 소수지만 전전戰前 시기를 아는 연배의 문학 애호가들은 '반도 문단의 대가'로 이광수를 기억하고 있다. 게다가 연구자라면 이광수의 또 다른 이름, 즉 1940년에 그가 창씨개명한 '가야마 미츠로香山光郎'를 알고 있다.

'한국 근대문학의 아버지'로 평가받는 이광수의 문학은 일본을 빼놓고는 이야기할 수 없다. 그가 처음 문학을 접한 것은 도쿄 시로가네白金의 메이지학원明治學院에서였다. 《무정》을 집필한 것은 와세다早稻田대학 재학 당시의 일이며, 식민지시대 말기에는 일본어로도 창작을 했다.

이광수라는 이름이 한국에서 오래 기억돼온 이유는 문학사적으로 중요하기 때문은 물론이거니와, 일본어로 창작하고 솔선해서 창씨개명했으며 태평양전쟁 말기 학병 권유 강연에 나섰기 때문이기도 하다. 요컨대 '친일親日' 작가로 기억되고 있는 것이다.

이광수에게는 항상 '친일'이라는 단어가 수식어처럼 따라붙는다. 한국에서 '친일'이란 '대일협력對日協力'을 가리킨다. 식민지 종주국인 일본에 협력한 자란 말할 것도 없이 극히 부정적으로 여겨진다.

다이쇼大正시기 와세다대학에 유학한 이광수는 민족을 계몽하기 위해 많은 논설을 쓰고, 장편소설 《무정》을 집필한다. 1919년 3·1독립운동 직전에는 도쿄에서 〈2·8조선독립선언서〉를 기초했고, 그 후 망명해 상하이 임시정부 수립에 참여했다.

2차 유학시절 가난과 무리한 집필활동 탓에 각혈까지 했던 이광수가 만약 상하이에서 객사했다면 그의 이름은 빛나는 '민족의 영웅'으로 기억되었을 것이다. 그러나 그는 민족과 함께 살기를 선택하고 조선으로 돌아와 국내에서 독립운동을 모색했다. 그리고 식민지시대 말기에는 '친일'활동을 하고 해방 후에는 '민족 반역자'로 지탄받는다.

이광수와 동시대 작가인 김동인은 단편 〈반역자〉(1946)에서 민족을 위해 살아온 주인공이 어느새 민족 반역자가 되고 만 비극을 아이러니컬하게 묘사했다. 이 소설 속 주인공의 실제 모델이 바로 이광수다. 평론가 김현은 〈이광수 문학의 전반적 검토〉(1977)에서 이광수를 "만질수록 덧나는 민족의 상처"라고 불렀다. 저명한 문학 연구자 김윤식은 《이광수와 그의 시대》(1983)에서 이광수가 '친일'에 이르는 궤적을 밝히고 이를 철저히 비판하는데, 그 통렬함에는 자신의 '상처'를 후벼파는 듯한 자학성마저 느껴진다.

그러나 최근에는 이광수에 대한 격렬한 비판이 모습을 감추고 있다. 2009년 역사학자 김원모는 《영마루의 구름─춘원 이광수의 친일과 민족보존론》에서 이광수의 '친일'은 위장僞裝이었다고 주장했다. 예전이었다면 내세우기 어려운 주장이다. 그러나 이광수가 한국에서 하나의 쟁점인 데에는 변함이 없다. 한국에서 이광수는 여전히 '상처'로 남아 있는 것이다.

이광수는 왜 그런 삶의 방식을 선택했을까. 일본이 한국을 지배했기 때문이라는 것은 말할 필요도 없다. '한국 근대문학의 아버지'로 간주되는 인물의 생애에 일본이 지대한 영향을 끼쳤던 것이다.

이광수는 조국을 삼키려 하는 일본의 제국주의적 원동력을 '욕망'이라 갈파하고, 쇠퇴한 민족을 재생시키려면 자신들도 '욕망'을 가져야 한다고 주장했다. 그러나 다른 한편으로는 소설을 통해 인간의 욕망이 헛된 것임을 그려냈고, '친일'의 낙인을 얻은 뒤 최후에는 종교에서 구원을 찾았다.

이광수의 삶에서 볼 수 있는 것은 사실 19세기 후반부터 근대화를 목표로 질주해온 일본의 모습이기도 하다. 메이지시기와 다이쇼시기에 걸쳐 일본에 유학한 이광수의 눈에 일본은 어떻게 보였을까. 그리고 당시의 일본은 현재의 일본과 어떻게 연결되어 있는 것일까.

이 책은 이광수의 생애를 더듬은 것이다. 동시에 그의 삶을 통해 과거의 일본을 응시한 것이기도 하다.

이광수 연보
(1892~1950?)

1892년
음력 2월 1일(양력 2월 22일), 평안북도 정주에서 이종원李鍾元(42세)과 김씨(23세)의 장남으로 태어난다.

1894년
8월, 청일전쟁 발발(~1895).

1897년
10월, 국호國號가 대한제국이 된다.

1902년
8월, 부모가 콜레라로 사망. 친척집을 전전하고 반半 방랑생활을 보낸다.

1903년
동학교도의 전령傳令으로 활동한다.

1904년
2월, 러일전쟁 발발(~1905).

1905년
겨울, 상경. 여름, 동학의 유학생으로 도일渡日. 9월, 포츠머스 강화조약. 11월, 제2차 한일협약(보호조약) 체결. 일본에 외교권을 빼앗기고, 한성漢城에 통감부가 설치된다. 초대 총독은 이토 히로부미伊藤博文.

1906년
4월, 간다神田 미사키초三崎町의 다이세이중학大成中學에 입학한다. 여름, 학비가 단절되어 귀국.

1907년
1월, 황실유학생으로 재차 도일. 9월, 메이지학원중학明治學院中學 3학년에 편입학.

17 **1908년**
4월, 4학년에 진급. 야마사키 도시
오山崎俊夫가 메이지학원에 전학
온다. 여름방학에 귀국했을 때 백
혜순白惠順과 결혼한다.

1909년 **18**
4월, 5학년에 진급. 10월, 이토 히
로부미가 안중근에게 암살당한다.
12월《시로가네학보白金學報》에〈사
랑인가愛か〉가 게재된다.

19 **1910년**
다수의 초기 창작. 3월, 중학을 졸
업하고 오산학교에 부임. 8월, 한
일병합. 조선총독부가 설치되어 일
본에 의한 식민통치가 시작된다.

1911년 **20**
1월, 105인사건으로 오산학교 교주
이승훈이 체포되어 학교 운영이 교
회의 손에 넘어간다.

21 **1912년**
학교 일에 전념하지만 교회와 대립.

1913년 **22**
2월, 신문관에서《엉클 톰스 캐빈》
의 초역抄譯《검둥의 설움》을 간행
한다. 11월, 대륙방랑에 나서 상하
이에 간다.

23 **1914년**
1월, 블라디보스토크와 무링穆陵을
경유하여 2월 치타에 간다.
8월, 제1차 세계대전의 발발로 귀국.

1915년 **24**
8월, 장남 진근震根이 태어난다. 여
름, 5년 만에 도쿄로.
9월, 와세다대학早稻田大學 예과에
편입학.

25 **1916년**
9월, 와세다대학 문학부 입학.《매
일신보》에 논설을 발표하여 각광
받는다. 이 무렵 결핵 발병.

1917년 26

1월 장편 《무정》 연재. 이 무렵 허영숙을 알게 된다. 10월 《개척자》 연재.

27 **1918년**

10월, 허영숙과 베이징으로 애정도피한다. 11월, 제1차 세계대전이 끝난 것을 알고 도쿄로 돌아간다.

1919년 28

도쿄에서 2·8독립선언서를 기초하고 상하이로 망명. 3·1독립운동. 임시정부 수립에 참여. 안창호와 만나 흥사단興士團사상을 알게 된다.

29 **1920년**

2월, 흥사단 입단.

1921년 30

3월, 귀국. 5월, 허영숙과 재혼.

31 **1922년**

2월, 수양동맹회 창립. 5월, 〈민족개조론〉 발표.

1923년 32

5월, 동아일보사에 입사. 9월, 간토關東대지진.

33 **1924년**

1월, 〈민족적 경륜〉 발표. 11월, 장편 《재생》 연재.

1925년 34

3월, 척수 카리에스로 수술을 받는다.

35 **1926년**

1월, 수양동맹회를 수양동우회로 통합. 5월, 《마의태자》 연재. 6월, 입원. 11월, 《동아일보》 편집국장에 취임.

1927년 —36—
1월, 결핵 재발. 5월, 차남 봉근鳳根이 태어난다.

—37— **1928년**
7월, 병세 회복. 11월, 《단종애사》 연재.

1929년 —38—
5월, 신장 결핵으로 대수술. 9월, 수양동우회를 동우회로 명칭 변경. 삼남 영근榮根이 태어난다.

—40— **1931년**
6월, 《이순신》 연재. 9월, 만주사변.

1932년 —41—

3월, 만주국 건국. 4월, 안창호가 체포된다. 《흙》 연재. 5월, 《가이조改造》의 사장 야마모토 사네히코山本實彦와 회식. 9월, 도쿄에 출장하여 일본 문인들과 교류.

—42— **1933년**
8월 동아일보사에서 조선일보사로 옮김. 9월, 장녀 정란廷蘭이 태어난다. 10월, 장편 《유정》 연재.

1934년 —43—
2월, 봉근이 패혈증으로 급사急死. 5월, 조선일보사 사임. 9월, 북한산 기슭 자하문 밖 홍지동으로 이사. 12월, 차녀 정화廷華가 태어난다.

—44— **1935년**
여름, 허영숙이 일본으로 연수를 떠난다. 연말연시를 가족과 함께 일본에서 보낸다.

1936년 —45—
5~6월, 일본에 체류. 《가이조》 9월호에 일본어 단편 〈만영감의 죽음萬爺의 死〉 발표. 12월, 《그의 자서전》 연재.

—46— **1937년**
6월, 동우회사건으로 체포된다. 7월, 중일전쟁 발발. 12월, 병으로 보석되어 경성의전병원에 입원.

1938년 ● 47

3월, 안창호 사망. 8월, 동우회사 건으로 기소된다. 11월, 사상전향 서 〈합의申合〉를 재판소에 제출.

● 48 **1939년**

9월, 제2차 세계대전 발발. 12월, 동우회사건의 1심에서 전원 무죄 판결 받지만 검사 측이 항소抗訴.

1940년 ● 49

2월 11일, 가야마 미츠로香山光郎로 창씨개명. 같은 날, 제1회 조선예술 상 수상. 7월, 《세조대왕》 간행. 8월, 동우회사건의 2심에서 전원 유죄 판결을 받고 상고上告: 이달부터 당 국에 의해 조선어 신문이 폐간된다.

● 50 **1941년**

11월 17일, 동우회사건 최종심에 서 전원 무죄 판결. 12월 8일, 태평 양전쟁 발발.

1942년 ● 51

3월, 《원효대사》 연재. 11월 도쿄에서 열린 제1회 대동아문학자대회 참가.

● 52 **1943년**

11월, 일본 유학생에게 학병 지원 을 권유하기 위해 도쿄행.

1944년 ● 53

11월 난징에서 열린 제3회 대동아문학 자대회에 참가.

● 54 **1945년**

3월, 사릉思陵에 소개疏開. 8월 15일, 사릉에서 해방을 맞고, 그대로 사 릉에 머무른다.

1946년 ● 55

9월, 봉선사로 거처를 옮기고, 광동중 학光東中學에서 영어와 작문을 가르친 다. 이 무렵 다시 붓을 든다.

56 1947년
9월, 12월 《나·소년편》을 간행.

1948년 **57**
8월 15일 대한민국 정부가 수립된다. 10월 《나·스무살 고개》, 11월 《나의 고백》 간행.

58 1949년
2월, 반민족행위처벌법에 의해 수감된다. 3월 병으로 보석되고 8월 불기소된다.

1950년 **59**
6월 25일, 한국전쟁 발발. 7월, 북한군에 연행되어 평양으로 강제 이송된다. 그 후의 소식은 불명.

● 1991년
미국에 거주하는 삼남 이영근 씨가 북한에 가서 부친의 묘소 참배. 1950년 10월 25일 폐결핵으로 사망했다는 이야기를 듣는다.

2009년 ●
일제강점하 반민족행위진상규명에 관한 특별법(친일반민족특별법)에 의해 친일반민족행위자 301인 가운데 한 사람으로 규정된다.

I

유년시절

—몰락, 야심이 싹트다

성장과정

탄생

내가 나기는 이조 개국 오백일 년, 예로부터 일러오는 이씨 오백 년의 운이 다한 무렵이요, 끝으로 둘째여니와 사실로는 끝 임금인 고종의 이십구 년 봄이었다.

이광수는 자전적 창작소설 《나·소년편》(1947)을 이렇게 시작한다. 그는 이성계가 조선을 건국한 1392년 이래 만 500년 되던 해에 태어났다. 그리고 그가 18세 때 일본이 한국을 병합해 왕조의 명맥이 끊겼다. 항상 민족의 운명을 자신의 운명에 중첩시키며 살았던 이광수는 조선왕조 최후의 시기에 자신이 태어났다는 사실에서도 운명을 느꼈을 것이다.

이광수는 1892년 음력 2월 1일(양력으로 22일) 인시寅時에 태어났다. 달력 나이로 42세였던 부친 이종원李鍾元이 열아홉 살 연하의 세 번째 아내 김씨에게서 얻은 외동아들이었다. 부친은 낮잠을 자고 있을 때 노승老僧이 안경을 주는 꿈을 꾸고 얻었다고 해서 그에게 보경寶鏡이라는 이름을 지어주었다.

태어난 곳은 평안북도 정주군 갈산면 익성리 940번지였다. 정주는 평양에서 140킬로미터 정도 북쪽에 있는 평안북도의 도청 소재지이지만, 이광수가 태어난 곳은 거기서도 남동쪽으로 15킬로미터 정도 깊숙이 들어간 벽촌이었다. 1905년 한성漢城과 신의주를 잇는 경의선京義線이 완공되자 가까이에 고읍古邑 역이 생겼다. 현재 경의선은 평양과 신의주를 잇는 평의선平義線으로 바뀌고 정주역은 정주청년 역으로 바뀌었으나, 고읍 역은 예전 그대로다.

나라와 집안의 쇠퇴

이광수는 왕조뿐만 아니라 집안도 운이 다한 무렵에 태어났다. 그의 집안은 선조대에 고위 관직을 배출한 가문으로서 가산家産이 상당했지만, 풍류객이었던 조부대부터 몰락하기 시작했다. 그의 아들, 즉 이광수의 부친은 직업도 없이 집을 팔아 작은 집으로 옮겨가며 생계를 유지하는 생활 무능력자였다.

이광수가 기억하는 최초의 집은 태어난 뒤 이미 몇 번째 옮긴 곳이었다. 그래도 작은 마을에서는 가장 번듯한 집으로, 작은 개천이 흐르는 뒤뜰에는 과일나무가 많았다. 입이 온통 자줏빛이 되도록 뽕나무 열매를 따먹던 이 집을 떠날 때, 어린 이광수는 "일생에 처음 겪는 슬픔"을 느꼈다고 한다. 그는 병풍, 문갑 등의 가재도구가 팔려나가고, 소중히 여겼던 초롱, 검, 책 등이 차례로 없어지는 슬픈 추억을 회상한 바 있다.

서당에서 신동이라 불리던 이광수는 가운家運을 일으키는 방법이 하나 있다. 아무리 빈궁한 선비도 과거에만 급제하면 봉록을 받아 부자가 될 수 있다는 이야기를 듣고 가슴이 뛰었다. 그런데 어른들은 그의 총명함을 칭찬하면서도 "아깝구나. 세상이 말세니 재주를 쓸 데가 있나"라고 탄식하곤 했다. '말세'란 과거科擧가 없어진 세상이었다. 과거제도는 이광수가 두 살 때 이미 폐지되었던 것이다.

여덟 살 때 옮겨간 황폐한 집이 가족이 함께 산 마지막 장소가 되었다. 이곳에서는 끼니도 잇기 어려웠고, 급기야 이 지방에 덮친 콜레라로 부모가 급작스럽게 죽음을 맞았다. 다섯 살, 두 살 된 누이와 함께 남겨진 열 살의 이광수는 친척집을 전전하며 생활했다. 며칠간은 묵묵히 음식을 주던 친척들도 머무는 기간이 길어지면 눈칫밥을 주었다. 그래서 이광수는 몇 군데 순번을 정해놓고 돌아다니며 지냈다.

둘째누이는 남의 집에 기숙하고 있던 조부가 떠맡았고, 막내누이는 '민며느리'로 남의 집에 맡겨졌다. 당시에는 아들에게 아내를 맞아들여줄 돈이 없는 가난한 농군이 마찬가지로 가난한 집 딸을 떠맡아 기르며 며느리로 삼는 풍습이 있었다. 그러나 반년 뒤 이광수가 만나러 갔을 때 막내누이는 피골이 상접하도록 수척해 있었다. 그리고 얼마 지나지 않아 죽고 말았다고 한다.

나중에 이광수는 조선 민족이 쇠퇴한 이유는 조부 세대가 무능했기 때문이라며 이전 세대를 규탄하는 논설을 쓴다. 그런 의식의 근저에는 비참한 처지에 빠진 자신과 누이들의 운명에 대한 분노가 있었을 것이다. 자전적 소설 《그의 자서전》(1936)에서 그는 이렇게 쓰고 있다.

조부나 아버지나 삼촌이나 다 세상에는 아무짝에 쓸 데 없는 인물들이었다. 조상의 유업을 받아가지고 놀고먹고 그리고 가난해져서 쩔쩔매는 그러한 사람들이었다. 그들은 밥 굶을 날이 앞에 다닥드리는 것을 보면서도 어찌할 줄을 모르는 사람들이었다. 다만 제 생활에만 무관심한 것이 아니라, 모든 세상일에 대하여 다 무관심한 사람들이었다. 나는 이런 사람들의 자손이 된 것을 부끄러워하지 아니할 수 없다.

그러나 이광수는 역시 그들을 사랑했을 것이다. 이어서 이렇게도 쓰고 있다.

그러면서도 그들에게는 어떤 선량한 것, 나로서는 배우기 어려운 선량한 것이 있었다.

전통문화의 세계

유년기의 이광수를 둘러싸고 있었던 것은 남자들의 한문 서적, 여자들의 한글 독본, 구전口傳 노래 등 다양한 전통문화였다. 이광수는 다섯 살 때 한글을 익히고 눈이 나쁜 조모祖母에게 이야기책을 읽어드리고 상을 받았다. 한문은 처음에 서당에서 배웠으나 집안이 몰락한 뒤 다닐 수 없게 되자 독학했다. 친숙했던 문학작품은 《고문진보古文眞寶》, 《시전詩傳》 등이었고, 뒤에 언급할 동학東學에서 활동한 뒤로는 동학가사(동학 경전

《용담유사龍潭遺司》에 실린 것이라 생각된다)를 암송했다.

이광수는 고아가 되어 외가와 조부의 집, 재당숙집을 전전하면서도 손에서 책을 놓지 않았다. 재당숙이란 아버지의 육촌六寸 형제를 가리킨다. 일본에서는 먼 친척에도 들지 않지만, 한국에서는 친척의 범주 안에 들어간다.

재당숙집은 유복했다. 이광수와 동갑인 재당숙집의 장남 이학수李學洙는 행복한 환경에서 한학漢學을 공부하고 있었다. 이광수는 그를 부러워했다. 훗날 이학수는 독립운동에 뛰어들어 중국으로 망명하는데, 귀국 후 은신하기 위해 출가해 운허대사耘虛大師라는 이름 높은 승려가 된다. 해방 무렵에 그는 봉선사奉先寺의 주지로 있으면서 이광수에게 거처를 제공하기도 했다.

이학수의 세 누이는 이광수를 오라비처럼 사모했다. 이광수는 그녀들을 위해 지은 이야기가 자신의 첫 창작이었다고 회상한다. 특히 병을 앓고 있어 항상 뒷방에서 바느질을 하거나 책을 읽던 큰누이가 많은 책을 빌려주어 이광수를 고소설의 세계로 이끌었다. 이광수는 세 누이에게 이 지방에 전하는 많은 옛 노래를 배웠다.

구름 간다 구름 간다

구름 속에 선녀 간다
선녀 적삼 안고름에
울금 대정 향을 찼다
꽃밭에서 말을 타니
말발굽에 향내 난다

    훗날 이광수는 일찍이 조선에는 아름다운 시가 많이 전하고 있었는데 흩어져 소실된 것이 유감이라고 회고했다. 이광수가 일본어를 통해 근대문학과 만났을 때 이미 그의 내면에는 유년 시절에 접했던 조선의 아름다운 전통문화가 자리하고 있었던 것이다.

동학과의 만남과 러일전쟁

동학과의 만남

이광수가 고아가 된 1902년에는 영국과 일본이 영일동맹을 맺었다. 영국은 러시아의 남진南進을 견제하고 중국에서 자국의 이권을 지키기 위해 조선과 만주에서 러시아와 대치하고 있던 일본과 동맹을 맺은 것이다. 이광수가 친척집을 전전하던 무렵 일본과 러시아의 대립은 점점 더 격렬해졌다. 이광수가 동학과 만난 것은 양국이 충돌하기 직전의 일이었다.

동학이란 경주慶州의 몰락양반 최제우崔濟愚가 1860년에 창시한 조선의 독자적인 종교다. 서양에서 전해진 서학西學 천주교에 맞서 동학이라 불렸고, 서학의 배후에 있는 서양 침략의 위협을 강하게 의식한, 민족주의 경향이 강한 종교였다.

고아가 된 뒤 이광수는 몹시 쓰라린 경험을 한 듯하다. 그는 성격이 비굴해지고 다른 사람의 눈치를 보게 된 것이 가장 슬픈 일이었다고 회상한 바 있다. 조선 북부의 벽촌에서 고아가 된 소년은 조금만 더 일찍 태어났더라면 자존심도 잃고 시골에 묻혀버렸을 것이다. 그런데 이 무렵의 조선은 봉건제도가 붕괴하고 정치·사회를 비롯한 모든 것이 크게 바뀌고 있던 시기였다. 바로 이런 시기에 동학과 만난 것이 이광수의 운명을 바꾸어놓게 된다.

열한 살 겨울의 어느 날, 이광수는 또 다른 친척집에 가는 길에 여느 때처럼 골짜기의 양지에 앉아 이風를 잡고 있었다. 그때 웬 남자가 다가와 말을 걸었다. 그는 승이달이라는 동학 교도였다. 승이달은 1,000명의 교인을 거느리는 대접주大接主의 지위에 있었다. 그는 이광수를 자신의 집으로 데려가 새 옷을 지어주고 교주教主 이야기며 '포덕천하布德天下·광제창생廣濟蒼生·보국안민輔國安民'이라는 동학의 목적, 철도·기선汽船·은행 등의 '문명'에 대해 이야기해주었다. 이 무렵 동학의 교주 손병희孫秉熙는 일본에 있었고, 수제자인 이용구李容九가 국내 10만 명의 교인을 통솔하고 있었다.

손병희의 문명개화노선

고종高宗의 부친으로 정부의 실권을 장악했던 대원군은 서학과 동학을 모두 사교邪敎라 하여 탄압하고 창시자인 최제우도 처형했다. 동학 교인들은 정부에 맞서 교주의 명예회복을 요구하는 운동을 벌이고, 그것은 가렴주구에 시달리던 농민들의 저항과 결부되어 1894년 갑오농민전쟁으로 이어진다.

전란戰亂 평정에 실패한 조선 정부의 요청으로 청淸이 출병하고, 이에 대항해 일본도 출병하면서 일본과 청 사이에 청일전쟁이 시작되었다. 동학은 일본의 개입으로 진압되고, 2대 교주 최시형崔時亨도 처형되고 만다.

당시의 동학은 '척왜양斥倭洋', '축멸왜이逐滅倭夷'라는 슬로건을 내거는 등 반일적反日的 요소가 강했다. 그러나 조선 정부의 탄압을 피해 일본으로 망명한 3대 교주 손병희는 문명개화의 필요성에 눈뜨고, 교단 재건을 위해 일본과 결탁하여 본국의 친러파 정권을 무너뜨릴 방침을 세웠다. 그리고 일본과 러시아가 전쟁을 벌일 조짐을 보이자 교인들을 동원해 일본군의 철도 부설 공사에 협력했다.

수제자 이용구는 함경도와 평안도 등 북부 지방에 동학을 널리 퍼뜨렸고, 이들 지역에서는 '집집마다 동학이요 사람마다 주문呪文 왼다'(《천도교창건사天道敎創建史》)고 할 정도로 세력이 왕성했다. 평안북도에 살고 있던 이광수가 승이달을 만난 것은 이 무렵의 일이다.

한 달가량 동학의 교리를 배운 이광수는 교도 1만 명을 통솔하는 대령大領 박찬명朴贊明의 집에 따라갔다가 그곳에서 전령傳令 일을 맡게 된다. 동학에 대한 정부의 탄압이 혹심한 시기였기 때문에 교주의 말을 곳곳의 교인들에게 전하는 것은 위험한 임무였다. 그러나 세상을 위해 일한다는 동학의 숭고한 목적에 감격한 이광수는 이 일을 마다하지 않았다. 그에게 그것은 궁핍한 고아라는 처지 탓에 상처 입은 자존심의 회복을 의미하기도 했을 것이다.

1904년 2월 러일전쟁이 시작되자 동학은 이용구가 중심이 되어 '진보회進步會'를 조직하고, 교인들은 개화開化의 뜻을 나타내기 위해 검은 옷을 입고 일제히 상투를 잘랐다. 1904년 8월 말 이광수가 살던 정주에도 한성에서 파견되어 온 동학의 상부 인사가 진보회를 조직하고 단발 의식을 행했다. 그러나 전령 임무를 맡고 있던 이광수는 이때 단발하지 않았다. 당시 아직 미혼이던 이광수는 긴 머리를 세 갈래로 땋아 늘어뜨리고 부모의 3년상 중이라는 것을 표시하기 위해 흰 댕기를 매고 있었다.

이광수는 진보회가 단발 의식을 치를 때 일본 헌병이 임석臨席했다고 회상한 바 있는데, 이는 당시 동학과 일본의 관계를 잘 나타낸다. 일본은 러일전쟁 직후 국외 중립을 선언했던 대한제국 정부와 강제적으로 한일의정서韓日議定書를 체결했는데, 친러파였던 정부는 일본과의 협력에 소극적이었다. 한편 동학은 일본에 협력하고 일본군의 점령 상태를 이용해 교단의 세력을 넓히고자 했다. 동학을 반일反日 단체로 간주해 경계하고 있던 일본도 협력적인 자세를 보이는 동학을 서서히 받아들인다. 이해 말 이용구는 송병준宋秉畯의 친일단체인 일진회一進會와 진보회를 합쳐 '합동일진회合同一進會'를 조직하고 일본과 더욱 긴밀히 협력해나갔다.

'삼전론'의 제자

이 시기 이광수는 수도 한성에 상경한다. 1905년 음력 정월, 13세 무렵의 일이었다.

경의선이 아직 개통되기 전이라 이광수는 진남포鎭南浦까지 걸어가서 인천으로 가는 일본 기선을 타고, 기차로 한성의 남대문 역에 도착했다. 러일전쟁이 한창이던 때라 어디에나 일본인이 넘쳤다.

동학에서 배운 문명의 이기利器, 곧 화륜선火輪船과 화차火車가 모두 일본인의 손으로 움직여지는 것을 보고 이광수는 어린 마음에도 조국의 장래가 걱정되었다고 한다. 그는 자신이 각지 동학 지도자에게 전달한 손병희의 문명개화론 '삼전론三戰論'에 대해 다음과 같이 회고한다.

'삼전론'에 의하면, 지금 세계는 우승열패·약육강식, 즉 잘난 놈은 이기고 못난 놈은 져서 약한 놈의 살을 강한 놈이 먹는 생존경쟁의 시대다. 영·미·불·독·아 다섯 나라가 세계에서 가장 강하여서 서로 다투어서 동양을 먹으려 든다. 그런데 그들의 싸우는 방법이 세 가지가 있으니, 첫째는 인전, 즉 사람의 싸움이요, 둘째는 언전, 즉 말의 싸움이요 그리고 끝으로 셋째는 재전, 즉 재물의 싸움이다. (중략) 그런데 잘난 사람이 많게 하는 방법은 공부에 있고, 말을 잘하는 것도 그렇고, 재물을 많게 하는 방법은 농·상·공업을 힘쓰는 데 있는데, 그중에서도 가장 이익이 많은 것은 첫째 철도, 둘째 화륜선, 셋째 양잠이라 하는 것이 지금 내 기억에 남은 삼전론의 요령이었다(《나의 고백》, 1948).

이광수가 기억하고 있던 삼전三戰은 '인전人戰', '언전言戰', '재전財戰'이지만, 사실 손병희가 역설한 것은 '도전道戰', '재전財戰', '언전言戰'이었다. 종교에서 가장 중요한 싸움인 '도道'가 첫머리에 언급되고 '인전'은 언급된 바 없다. 이광수의 기억 속에서 '도전'이 '인전'으로 바뀐 이유는 이광수에게는 동학이 '도'를 구하는 종교라기보다 유학을 통해 미래를 열어준 존재였기 때문일 것이다.

'재전'은 젊은이에게 외국에서 기술을 배워오도록 하여 국가의 산업을 일으키라는 식산흥업殖産興業을 주장한 것이고, '언전'은 외교상 불이익을 입지 않도록 재주가 뛰어난 청년을 유학시켜 외국의 언어·물정·법률 등에 정통케 하라는 주장이다. 손병희는 이러한 문명론을 실천하기 위해 교인의 자제를 선발하여 일본에 유학시켰다. 그들은 '삼전론의 제자'로 불렸다.

당대에 외국에 유학할 수 있는 사람은 유복한 양반의 자제뿐이었다. 바로 전해인 1904년 10월에는 황실특파유학생 50명이 일본 유학길에 올랐는데, 그들은 모두 '대관大官의 자제'였다. 시골의 가난한 고아는 유학을 꿈도 꿀 수 없던 시대에 손병희의 '삼전론'은 이광수에게 유학의 길을 열어주었던 것이다.

동학은 이광수에게 많은 것을 주었다. 거의 방랑과 다름없는 생활을 하던 이광수에게 의식주를 제공했고, 문명개화의 필요성을 가르쳤으며, 자존심을 회복시켜주었다. 그러나 동학이 이광수에게 준 가장 큰 선물은 바로 야심이었다. 고향을 떠나 상경할 때의 심정을 이광수는 《그의 자서전》(1936)의 주인공의 입을 빌려 이렇게 서술하고 있다.

나는 작년과는 달라서 속에 야심이 있었다. 이로부터 조선에 일등 가고 세계에 이름이 높은 사람이 된다는 야심이 가슴속에 용솟음친 것이다.

아무리 머리가 좋아도 가능성이 전혀 없는 곳에서는 야심이 싹트지 않는다. 동학은 이광수에게 미래에 대한 가능성을 열어주었던 것이다.

한성에 도착한 이광수는 박찬명이 소공동에서 운영하고 있던 동학 학교에 들어가 단발을 하고 양복을 입고 합동일진회의 연설회장에 다녔다. 고향에 있을 때 유바 쥬에이弓場重榮의 《일어독학日語獨學》을 혼자 공부했던 그는 가장 나이가 어렸음에도 동료들에게 일본어를 가르쳤다고 한다. 이윽고 학교의 명칭이 광무학교光武學校로 결정되고 교사진이 갖추어지자 그도 학생으로 돌아와 체조와 지리 등을 배웠다.

그리고 1905년 한성에 상경한 그해 여름 이광수는 '일진회 유학생'으로 일본으로 건너간다. 바로 전해 10월에 파견된 황실특파유학생들은 인천에서 배로 출발했지만, 이광수는 1월에 개통된 경부선을 타고 부산까지 가서 일본으로 향했다. 이때 이광수의 나이 13세, 미국 포츠머스에서 러시아와 일본의 강화조약 교섭이 시작되던 무렵의 일이다.

II
일본 유학
(1905~1910)

멸시—20세기 초반의 아시아인 유학생

'문명'의 충격

1905년 여름 현해탄을 건너 도쿄에 도착한 이광수는 벽돌로 지은 서양 건축물이 즐비하게 늘어선 광경을 처음 목도했다. 한성의 남대문 역 주위는 온통 초가집뿐이던 무렵이었다. 두 도시의 '문명'의 격차를 접한 13세 소년은 꽤 놀랐을 것이다.

12년 후 이광수는 장편 《무정》에서 소년시절에 대한 주인공의 회상에 의탁해 그 놀라움을 다음과 같이 묘사하고 있다.

대동강 위에서 '뼹'하고 달아나는 '화륜선'을 보고 놀라던 소년은 그 노인을 알았다. 그러나 그러하던 소년은 이미 죽었다. '뼹'하는 '화륜선'을 볼 때에 이미 죽었다. 그리고 그 소년

의 껍데기에 전혀 다른 '이형식'이라는 사람이 들어앉았다
(《무정》, 1917).

영어교사 이형식은 말총으로 짠 탕건을 머리에 쓰고 평상에
앉아서 하루 종일 멍하니 몸을 앞뒤로 흔들고 있는 노인을 보
고 그것이 과거 조선의 체현이라고 생각한다. 그리고 자신도
유년시절엔 저 노인과 같은 세계에 살았지만, '문명'과 만나 다
시 태어난 것이라고 여긴다.

화륜선은 '문명'의 상징이다. 평양에서 기선을 처음 본 소년은
도쿄에서 더 거대한 '문명'과 맞닥뜨렸다. 대동강에 떠 있는 기
선에서 느꼈던 놀라움은 도쿄에 도착했을 때 느낀 놀라움의 원
점에 해당한다. 소년은 별세계에 온 것 같았을 것이다. 그 세계
를 알게 된 뒤 자신이 완전히 변하고 말았다는 감각은 '그의 껍
데기에 전혀 다른 사람이 들어앉았다'는 표현에 잘 나타나 있다.

당시 한국에서 도쿄로 건너간 유학생들은 다소간 이광수와
같은 감각을 체험했다. 교통기관이 발달하지 않았을 무렵이라
면 그 충격은 한층 더 강렬했을 것이다. 여기서 잠시 이광수보
다 먼저 일본에 건너간 유학생들에 대해 일별해두고자 한다.
개화기에 일본으로 향했던 유학생들의 계보에 이광수도 속해
있기 때문이다.

일본 유학생의 계보

한국에서 일본 유학을 추진한 사람들은 항상 '개화파'로 불린 부류였다. 국가의 독립을 지키기 위해 근대적 개혁이 필요하다고 주장했던 개화파는 적극적으로 젊은이들을 일본에 보냈다. 그러나 유학생 파견은 국내 정치의 움직임과 결부되어 있었기 때문에, 때로 유학생들은 목숨이 달린 위험에 맞닥뜨려야 했다.

최초의 일본 유학생은 개항開港 5년째인 1881년 신사유람단紳士遊覽團의 수행원으로 일본에 갔던 길에 그대로 잔류해 후쿠자와 유키치福澤諭吉의 게이오의숙慶應義塾에서 공부한 유길준兪吉濬과 유정수柳定秀, 나카무라 마사나오中村正直(1832~1891)[*]의 도진샤同人社에서 공부한 윤치호尹致昊 세 사람이다. 그 후 개화파는 게이오의숙과 위탁계약을 맺고 그곳에 100여 명의 유학생을 파견한다. 이것이 조선에서는 일본 유학 제1의 물결에 해당한다.

---

[*] 도진샤의 창설자이자 홍아회興亞會의 회원. 후쿠자와 유키치 등과 함께 메이로쿠샤明六社를 설립했고, 새뮤얼 스마일즈의 《자조론Self Help》을 《서국입지편西國立志篇》(1870)으로 번역 출판한 것으로도 유명하다.

1884년 수구파인 민씨 정권과 대립하던 개화파는 갑신정변甲申政變을 일으켰다가 실패한다. 이때 고국으로 돌아가 정변에 참가한 유학생 다수가 살해되거나 행방불명되어 일본 유학 제1의 물결은 중도에 끊기고 말았다.

10년 후 일본 유학 제2의 물결이 일어난다. 청일전쟁이 한창이던 때 일본의 후원에 힘입어 성립한 개화파 정권이 유학생 파견을 결정하고, 1895년 4월 제1진으로 113명을 일본에 보냈다. 이때도 유학생을 받아들인 곳은 게이오의숙이었다. 유학생 전체 인원은 200명을 넘었다. 그러나 아관파천俄館播遷으로 개화파 정권이 붕괴하자 제2의 물결도 끝나버렸다.

덧붙이자면 이 제2의 물결 시기에 일본에서 공부하고 훗날 소설을 쓴 사람이 셋 있다. 《금수회의록》을 쓴 안국선安國善, 《혈의루》·《귀의성》을 쓴 이인직李人稙, 〈몽조夢潮〉를 쓴 석진형石鎭衡이 그들이다. 한국 문학사에서 이들의 작품은 근대소설이 출현하기 전의 과도기적 형태라 하여 '신소설新小說'이라고 불린다. 흥미로운 것은 이 세 사람 모두 한국에서 정식 유학생으로 선발된 것이 아니라 일본에 건너간 후 인맥을 통해 관비 유학생이 된 듯하다는 점이다. 아마 그들이 모두 낮은 신분의 가문 출신이었기 때문이었을 것으로 짐작된다.

아시아의 유학생들

러일전쟁이 시작되자 다시 개화파가 주도권을 쥐고 유학생 파견을 결정했다. 1904년 10월에는 양반 자제 50명이 황실특파 유학생 자격으로 일본에 건너갔다. 한국 정부가 다수의 유학생을 단체로 파견한 것은 이때가 마지막이었다. 게이오의숙은 이미 한국 유학생을 받아들이는 사업에서 손을 뗀 터라 일본 정부는 그들의 기초교육을 도쿄부립東京府立 제1중학에 위탁했다.

이광수가 도쿄에 간 1905년 여름에는 황실특파유학생을 비롯해 400명 이상의 한국인이 그곳에서 공부하고 있었다. 관비官費 유학생이 중심이었던 이전과 달리 사비私費 유학생이 중심이었고, 전체 유학생 수도 급증했다. 이해에 일본으로 건너간 유학생 수는 전년의 두 배로, 그 후로도 한국병합 때까지 계속 증가한다. 일본 유학 제3의 물결이 일었던 것이다.

이 시기에 일본 유학이 왕성해진 까닭은 조선에서 러일전쟁에 승리한 일본의 세력이 점차 강해지면서 일본 유학 경험과 일본어 능력이 출세하는 데 유리한 조건이 되었기 때문이다. 과거제도가 없어져 일본 학교의 졸업증서가 이를 대신하는 효력을 지니게 되었다. 또한 봉건적 신분제도가 붕괴해 실력이 있으면 출세할 수 있다는 전망이 청년들의 입신출세 욕망을 자극한데다 러일전쟁 중 대량운송기관이 발달하면서 일본과의 왕래가 손쉬워진 점도 한몫했다.

같은 시기 중국에서도 일본 유학 바람이 불었다. 청일전쟁에서 패한 후 중국에서는 교육을 근대화시키려는 '속성교육速成教育'의 목소리가 대두되었고, 이로 인해 과거제도를 대신해 일본 유학이 급증했다. 1902년 200명이 넘던 중국인 유학생은 과거가 폐지된 1905년에 무려 1만 명으로 불어났다.

인도나 베트남 등 아시아의 다른 나라에서도 잇달아 유학생이 일본을 찾았다. 입신출세를 위해서만은 아니었다. 그들은 단기간에 근대화를 달성한 일본을 본받아 자신들의 나라도 근대화시키고자 했던 것이다.

그런데 아이러니하게도 일본에서는 이 무렵부터 주변의 아시아 국가를 멸시하는 풍조가 확산되었다. 러일전쟁에서 거둔 승리가 이런 경향을 더욱 부추겨 많은 유학생에게 불쾌한 경험을 안겨주었다.

불쾌한 몇몇 사건들

1903년에는 오사카大阪에서 개최된 권업박람회勸業博覽會에서 인류관사건人類館事件이 일어났다. 당시 어느 민간업자가 조선, 중국, 아이누, 대만, 류큐, 인도, 자바 사람들의 생활풍속을 알린다는 명분하에 그들을 '인류관人類館'에 전시하자 중국과 류큐가 이에 항의를 한 사건이다. 특히 중국인 유학생들을 격분시킨 것은 전족纏足 여성과 '아편귀鴉片鬼(아편중독자)'의 전시였다.

1905년 말 한국이 일본의 보호국이 된 후에는 황실특파유학생들이 공부하고 있던 도쿄부립 제1중학의 교장이 《호치신문報知新聞》과 인터뷰하면서 한국에 대한 모멸적인 언사를 입에 올려 이에 격분한 학생들이 동맹휴학하는 사건이 일어났다.

교장은 당시 인터뷰에서 한국에는 조혼早婚 풍습이 있어 나이가 좀 있는 학생은 자식이 있다는 둥, 유학생들이 수학에 재능이 없고 체격과 용모는 당당하지만 지력知力이 떨어지며 무기력하고 규율이 없는 데는 정나미가 떨어질 정도라는 둥의 말을 했다. 분노한 유학생들은 곧 동맹휴학에 들어갔고, 그 학교를 자퇴하고 다른 학교로 옮길 것을 결의했다. 그런데 그들을 지켜줘야 할 공사관이 보호조약 후 철수한 상태여서 결국 주모자들은 퇴학을 당하고 만다. 다른 학생들은 귀국과 등교 중 선택할 것을 강요받고 다수의 학생이 울분을 삼키며 학교로 돌아갔다.

1906년 가을에는 혼고本鄉 단고자카團子坂의 국화축제에서

'조선왕'이 도쿠가와德川 장군을 향해 마루에 이마가 닿도록 머리를 조아리며 절을 하고 있는 국화인형 장식을 본 한국인 유학생 두 명이 인형을 망가뜨려 경찰에 연행된 사건이 일어났다. 그런데 정작 유학생의 이야기를 들은 서장은 오히려 그들의 충절忠節을 극구 칭찬했다는 이야기가 당시 유학생 잡지에 실려 있다.

1907년 우에노上野에서 개최된 권업박람회에서는 수정관사건水晶館事件이 일어났다. 조선관에 부속된 수정관에서 한국의 '매춘부'가 구경거리가 되자 한국인 유학생들이 철회운동을 일으킨 것이다. 수정관의 소유주가 항의를 받아들이지 않아서 교섭은 난항에 빠졌다. 그런데 마침 일본에 와 있던 대한제국 정부의 고관이 개인 자격으로 경찰청과 교섭하고 비용을 부담해 한국 여인을 귀국시키는 것으로 사건이 마무리되었다.

같은 해 3월에는 와세다대학 학생들이 대한제국 황실을 모욕하는 일이 벌어졌다. 와세다의 의례행사로 개최된 '모의국회'에서 '한국 황실을 일본의 화족華族으로 대우한다'는 의제議題가 제안되었던 것이다. 한국인 재학생 16명이 이를 독립국 황제에 대한 모욕이라고 하여 항의성명을 제출하고, 의제를 제안한 학생을 퇴학시킬 것을 대학에 요구하며 집단 귀국했다. 이른바 '모의국회' 사건이다.

이때 주모자였던 최남선崔南善은 인쇄기를 구입해 귀국해서 이듬해인 1908년 신문관新文館을 세우고 한국 최초의 종합잡지 《소년》을 창간한다. 여담이지만, 당시 의제를 제안했던 학생 다부치 도요키치田淵豊吉는 훗날 국회의원이 되어 간토關東대지진 후 조선인 학살 문제에 관해 국회에서 정부의 책임을 추궁했다고 한다.

거세지는 아시아 멸시

이러한 사건의 배후에 깔린 일본인의 아시아 멸시는 이 시기 일본인의 자기인식과 깊이 결부되어 있었다.

메이지유신을 통해 독립의 위기를 극복한 일본은 부국강병과 근대화에 매진했다. 청일전쟁에서 승리한 후에도 삼국간섭三國干涉의 굴욕을 씻으려고 계속 와신상담했던 일본인은 러일전쟁에서 승리하자 이것으로 자신들이 '일등국'의 대열에 들어섰다고 생각했다.

일본에는 전쟁을 계속할 힘이 없다는 사실을 알고 있던 정부 고위 인사들은 러시아와의 강화를 모색했지만 자신들의 진짜 모습을 몰랐던 국민은 자존심만 키워나갔다. 반면 눈앞의 현실은 여전히 궁핍했다. 오로지 계속 달려오기만 한 일본인들을 엄습한 것은 목표를 잃어버린 듯한 상실감이었다.

이 시기 일본인은 정신적으로 전환점에 놓여 있었다. 그것은 아마도 국민적 정체성의 문제와 결부된 것이었을 터이다. 이 무렵 유행한, 본능을 예찬하고 철저하게 추구한 다카야마 조규高山樗牛의 본능만족주의나 현실 폭로의 비애 속에서 자신의 모습을 적나라하게 묘사하고자 했던 자연주의문학도 이러한 심리가 사상의 형태로 표현된 것이었으리라.

하지만 이러한 경향은 문학이나 철학의 영역에 그쳤고, 일반 민중 사이에 널리 퍼진 것은 타자를 업신여김으로써 자신을 확립했다고 착각하는 안이한 생각이었다. 그것이 아시아 멸시로 이어졌다고 볼 수 있지 않을까.

당시 센다이仙臺의 의학전문학교에 다니고 있었던 루쉰은 학년 진급시험에 무사히 통과하자 중국인이라는 이유로 부정행위를 의심받았던 일화를 〈후지노 선생藤野先生〉에서 언급한 바 있다. 또한 뒤에서 이야기할 이광수의 친구 홍명희洪命憙도 다이세이중학大成中學에서 우수한 성적을 받았을 때 교사가 본인을 앞에 두고 "조선인에게 지는 따위는 일본 남아의 수치"라고 학생들을 꾸짖은 일화를 〈자서전〉에서 회고했다. 이는 모두 이 무렵 일본에서 일상적으로 볼 수 있는 광경이었던 것이다.

 이광수의 유학생활은 이러한 풍조 속에서 시작되었다. 그래서 그는 식민지시기 내내 이 같은 일본인의 차별의식과 싸워야만 했다.

동학 교단의 분열과 귀국

어학학교 '도카이의숙' 입학

이광수는 도카이의숙東海義塾이라는 어학학교에 다니는 것으로 유학생활을 시작했다. 도카이의숙은 도대체 어떤 학교였을까.

이 무렵 한국에서 간행되고 있던 지식인 신문《황성신문皇城新聞》에 실린 도카이의숙의 학생 모집광고를 보면, "대한제국 학생들을 모집하는 광영光榮을 가진다"는 문구가 먼저 눈에 들어온다. 이어서 도카이의숙은 급증하는 한국인 유학생을 받기 위해 1905년 4월 개교했고, 일본어에 정통한 한국인 교사를 갖추고 전문학교 입학자를 배출시키고 있는 학교라고 쓰여 있다. 이곳은 유학 붐을 타고 생겨난 한국인 위주 어학학교의 시초일 것이다. 2학기는 9월 11일부터라고 되어 있으니, 8월에 도쿄에 간 이광수는 2학기부터 공부를 시작했을 것이다.

도카이의숙의 주소는 도쿄 시바코엔芝公園 제14호 제14번지로, 현재 도쿄타워가 들어선 곳 부근이었다. 새로운 학기가 시작되기 6일 전에는 근처의 히비야공원日比谷公園에서 포츠머스 조약 강화 내용에 불만을 품은 민중이 공원 내에 있는 건물을 불태우는 폭동이 일어났다.

한국의 보호국화—제2차 한일협약 체결

이광수가 도카이의숙에 다닌 지 얼마 되지 않아 이용구와 송병준이 통솔하던 합동일진회가 '선언서'를 발표하고 일본의 한국 병합을 촉구했다. 일진회 유학생들은 손병희의 집에 몰려갔다. 손병희는 아무 말 없이 근심스러운 표정을 짓고 있었다고 한다. 이 무렵 손병희는 변성명하고 아자부麻布 가젠보초我善坊町(현재의 아자부다이麻布臺 1丁目)의 일본인 집에 살고 있었다.

청일전쟁 후 한국 정부에 쫓겨 일본에 망명한 손병희는 앞서 언급했듯이 조국의 문명개화의 필요성에 눈떠 '삼전론'을 집필하고 일본과 동맹해 한국을 변혁할 구상을 세웠다. 그래서 러일전쟁이 가까워질 무렵 교인들을 동원해 일본군에 협력했는데, 당시는 일본과 한국의 평등합방을 주장하는 다루이 도키치樽井藤吉(1850~1922)* 같은 아시아주의자의 '대동합방론大東合邦論'에 공명했던 듯하다.

이용구는 손병희 쪽에 사람을 보내 '합방合邦'이란 나라의 독립을 유지한 채 한 사람의 군주를 섬기는 것, 또는 외교권을 하나로 통일하는 것이라고 설명했다. 그러나 앞서나가는 이용구의 행동이 위험하다고 느낀 손병희는 궤도를 수정해야겠다고 생각한 듯하다. 그는 동학을 '천도교天道教'로 개칭하고, 이듬해에 귀국해 교단의 재편성에 착수했다. 그 후 일진회와 손을 끊고 이용구를 추방해 교단이 분열되는데, 그것이 결국은 이광수 등의 유학생들에게 커다란 영향을 끼치게 된다.

1905년 11월 제2차 한일협약, 이른바 보호조약이 체결되어 한국은 일본의 보호국으로 전락했다. 대한제국의 외교권은 일본의 외무성이 관리하고, 한성에는 통감부統監府가 들어섰다. 이토 히로부미伊藤博文가 초대 통감으로 한국에 부임했고, 한국

---

* 정치운동가. 1893년 《대동합방론》을 써서 한일 양국이 대등한 하나의 국가를 형성하는 한편, 청국과 동맹관계를 맺어 서양 열강의 침략에서 아시아를 방어하는 동시에 아시아 부흥을 달성하자고 호소했다.

정부의 각 부서에는 일본인 차관次官을 두어 실질적인 권력을 행사하기 시작했다.

이전까지 일본은 대한제국의 독립을 지킬 것을 약속했다. 이 말을 믿고 있었던 이광수를 비롯한 유학생들은 고우지마치麴町의 한국공사관에 모여 '일본이 우리들을 속였다'며 울었다. 그리고 이후의 방침에 대해 논의했는데, 결론을 내리지 못한 채 결국 그대로 계속 일본에 머물며 공부했다.

외교권을 잃은 대한제국에는 '외부外部'가 없어져 한국공사관이 철폐되었고, 그 자리에 '학부學部' 소속의 유학생감독부가 들어섰다.

다이세이중학 입학과 홍명희와의 사귐

이듬해인 1906년 4월 이광수는 간다神田 미사키초三崎町의 다이세이중학大成中學에 입학한다. 이 학교는 현재 미타카시三鷹市에 있는 다이세이고등학교의 전신前身으로, 이 무렵 천도교 유학생을 많이 받아들였다. 이광수와 그의 동료들은 혼고本鄉 모토마치元町에 있는 하숙집에서 살았다.

이광수가 입학하고 얼마 지나지 않아 홍명희가 이 하숙집으로 들어왔다. 충청도 출신이었던 홍명희는 이광수보다 네 살 위로, 훗날 역사소설《임꺽정林巨正》을 썼고 해방 후에는 북한에서 부수상副首相을 지냈다.

이광수의 회상에 따르면 그들이 처음 만난 곳은 대중목욕탕이었다고 한다. 본국에서였다면 증조부가 이조판서를, 조부가 참판을 지낸 명문 양반가의 장남이 평안도 벽촌의 고아와 친구가 되는 것은 상상도 할 수 없는 일이었을 것이다. 따라서 이국異國의 목욕탕에서 그들이 나체로 만난 것은 이 시대의 한 면모를 상징하는 사건이었다고 할 수 있다. 이듬해 봄 홍명희는 다이세이중학 3학년에 편입한다. 이때 이광수는 뒤에 언급할 학비 문제로 퇴학한 상태였다. 그러나 이광수가 동년 가을 메이지학원明治學院에 편입학하면서 비록 학교는 다르지만 두 사람은 문학이라는 공통의 관심사로 맺어져 깊이 사귀게 된다.

그들의 하숙집이 있던 혼고 모토마치는 현재 JR 스이도바시水道橋 역 앞에 있는 도립都立 공예고등학교 근처이다. 간다가와

홍명희(1888~1968)
호는 벽초碧初. 명문 양반가의 장남으로 태어나 미완의 역사소설《임꺽정巨正》한 편으로 한국문학사에 이름을 남겼다. 이 작품은 김일성도 애독했다고 한다. 사진은 1930년대 홍명희의 모습이다.

神田川를 사이에 두고 자리 잡은 도요고등학교東洋高等學校는 홍명희가 다이세이중학에 들어가기 전에 다녔던 도요상업학교의 후신後身으로, 그곳에서 진보초神田町를 향해 200미터 정도 가면 왼쪽에 다이세이중학 건물이 있었다. 그곳은 지금 니혼대학日本大學 경제학부 건물이 되었고, 당시 다이세이중학 옆에 있던 석조건축물 미사키초三崎町 중앙침례교회는 현재 산뜻한 콘크리트 건물로 변신해 미사키초 교회라는 간판을 내걸고 있다.

귀국과 단지사건

1학기가 끝난 뒤, 앞서 언급했던 동학 교단 분열의 여파로 유학생들에게 학비가 지급되지 않아 이광수는 곤란에 빠졌다. 대개 가난한 집 자제였던 천도교 유학생들은 집에서 학비를 받을 수 없었기 때문에 일단 귀국하면 재유학 가능성은 없었다. 그렇다고 일하면서 공부를 계속하기도 어려웠다. 당시 50여 명 정도였던 유학생 중 절반이 체념하고 고국으로 돌아갔다. 이광수도 그 가운데 한 명이었다.

고향에 돌아온 이광수는 또다시 친척집을 전전하며 한성에서 연락이 오기를 기다렸다. 이 시기에 관한 그의 회상에는 그다지 심각한 일은 눈에 띄지 않는다. 자전적 소설 《나·소년편》에도 음력 정월 보름날 밤 고향의 소녀와 나눈 아름답고도 슬픈 첫사랑의 일화가 그려져 있을 뿐이다.

한편 일본에 남은 유학생 21명은 연말에 하숙집에서 쫓겨나 고우지마치의 유학생감독부에서 새해를 맞았다. 그들의 나이는 19세에서 27세까지로 대개 이광수와 같은 평안도 출신이었다.

1907년 1월 5일 밤, 경제적으로나 정신적으로 막다른 골목에 몰린 유학생들은 일제히 새끼손가락 한 마디를 잘라 혈서를 썼다. 이로써 교인들의 갹출금을 보내오지 않는 손병희와 이용구에게 항의하고, 자신들은 죽어도 일본에서 학업을 계속할 것이라는 결의를 표명했던 것이다. 이 사건은 본국에 알려져 신문, 사회단체, 학교 등이 구제에 나섰고, 결국 대한제국 황실이 천도교 유학생 전원에게 3년간 학비를 지급하기로 결정한다. 이에 재차 이광수의 앞길이 열렸으니, 그도 학비를 지급받는 관비유학생 자격을 얻게 되었던 것이다.

메이지학원 편입—문학소년의 길로

하쿠산학사와 마루야마후쿠야마초

1907년 1월 이광수는 다시 일본에 건너가 시험공부를 하고 이해 가을 메이지학원 보통학부에 편입학한다. 당시 중학교는 5년제였다. 따라서 1학년으로 복학하면 졸업 전에 관비官費 지급이 끊기고 만다. 이광수는 월반해 3학년 2학기에 입학했다. 다이세이중학大成中學은 1학기밖에 안 다녔으니 그가 얼마나 우수했는지 알 수 있다.

당시 중학교는 낙제, 건강, 학비 문제로 중도 퇴학하는 학생이 많았고, 사립중학은 편입시험을 통해 결원을 보충했다. 지방에서 상경한 학생은 사숙私塾에서 시험을 준비해 자신의 능력에 맞는 중학교에 편입학했던 것이다.

메이지학원의 학적부를 보면 이보경李寶鏡(중학시절에는 이 아명兒名을 사용했다)의 입학 전 학력 기재란에 '하쿠산학사白山學舍'라고 적혀 있어 이광수가 이 사숙에 다니며 시험공부를 한 것을 알 수 있다.

학적부의 현주소란에는 '혼고구本鄕區 마루야마후쿠야마초丸山福山町 22 다나카田中 댁'이라고 기재되어 있다. 마루야마후쿠야마초는 벼랑 아랫길을 끼고 늘어선 길고 좁다란 마을이었다. 이광수가 살았던 22번지도 벼랑 아래로, 위쪽에는 후쿠야마에 있던 번藩의 마루야마 영주의 저택이었던 번교藩校를 이어받은 세이시소학교誠之小學校가 있었다. 이 학교는 지금도 같은 장소에 있다. 마루야마후쿠야마초 4번지에는 가난 탓에 이사를 자주했던 메이지기의 유명한 여성 작가 히구치 이치요樋口一葉(1872~1896)*의 집이 있었는데, 이광수가 메이지학원을 졸업한 해 여름 벼랑이 무너져 유실되었다.

벼랑 위쪽의 니시카타마치西片町는 도쿄제국대학의 교수가 많이 살아 '가쿠샤마치學者町'라고 불렸지만, 벼랑 아래쪽은 가

---

* 도쿄에서 태어나 17세에 사업에 실패한 아버지가 죽자 생계비를 마련하기 위해 소설을 쓰기 시작해 문단의 주목을 받았으나, 폐결핵으로 24세의 젊은 나이에 세상을 떠났다. 오천엔짜리 지폐에 인쇄되어 있는 초상화의 주인공이다.

난한 사람들이 사는 위험한 지역이었다. 입학 후 이광수는 이곳을 떠나 시로가네白金에 있는 메이지학원 기숙사에 들어간다.

메이지학원 보통학부에서의 학창생활

메이지학원은 헵번식 로마자 표기로 유명한 미국인 선교사 제임스 커티스 헵번J. C. Hepburn(1815~1911)*이 창시한 기독교 학교다. 목조로 된 대건축물인 헵번관의 기숙사비는 한 달에 1원 50전. 여기에 식비 5원과 학비 2원 50전을 더하면 한 달 최저 경비는 9원이었다. 매월 20원을 학비로 지급받았던 이광수는 책을 사거나 이따금 좋아하는 덴뿌라 소바를 사먹는 등 여유로운 학창생활을 보낼 수 있었다. 문학서를 탐독하게 된 뒤 홀로 지내기 위해 하숙집으로 옮겼지만, 졸업 무렵에는 유학생들과 함께 집 한 채를 빌려 공동생활을 했다.

당시 이광수가 다니던 시로가네 캠퍼스에는 제1회 졸업생인

---

* 1859년 선교 차 부인과 함께 일본에 와서 헵번숙塾을 열고 영어와 성경을 가르쳤다. 1886년 헵번숙과 병행하며 경영했던 도쿄 잇치신학교東京一致神學校, 예비학교인 에이와학교英和學校 등을 종합해 메이지학원으로 개편하고, 1891년 시로가네白金로 부지를 옮겼다.

유명 작가 시마자키 도손島崎藤村(1872~1943)*의 자전소설《버찌가 익을 무렵櫻の實の熟する時》에 등장하는 서양관西洋館이 늘어서 있었다. 이 시기 메이지학원 보통학부에는 징병 유예와 상급학교 입학 자격 특전이 주어져 있어서 중학교령 인가를 받은 중학교와 다르지 않았다. 다만 기독교 학교였기 때문에 매일 채플시간에 기도를 하고 주2회 성서 과목을 들어야 했다. 이곳에서 이광수는 난생처음 성서를 접한다.

그가 처음 읽은 것은 〈마태복음〉 제3장이었다. 낙타털로 짠 옷을 걸치고 가죽띠를 허리에 두른 채 메뚜기와 꿀을 먹으며 요르단 강가에서 '회개하라'고 외치는 세례자 요한의 모습에 감명받았던 그는 대동강이나 한강가에서 '회개하라, 너희 조선 사람들아'라고 외치는 자신의 모습을 상상했다고 한다.

메이지학원의 교사로는 이광수의 회상기에도 나오는 미국인 와이코프M. N. Wyckoff 박사와 랜디스H. M. Landis 박사 그리고 메이지학원 2대 학원장인 이부카 가지노스케井深梶之助 등이 있었다. 이광수는 일본인 교사가 성서를 가르치며 '국가주의'

---

* 일본의 낭만파 시인이자 자연주의 작가. 낭만파 시인으로 출발해 시집《와카나집若菜集》, 소설《파계破戒》,《봄春》 등을 출판했다. 일본의 대표적인 자연주의 작가 중 한 사람으로 꼽힌다.

를 선전하는 것이 마음에 들지 않았지만, 《성경 이야기*Bible story*》를 영문으로 강독했던 온유한 와이코프 선생을 좋아했다고 회고한 바 있다. 이광수에게 어린 시절 존경하던 고향 산사山寺 노승老僧의 자비로운 표정을 떠올리게 했던 노교사老教師 와이코프는 메이지 초기부터 일본 각지에서 신학문 교육에 힘쓰다가 메이지학원에 부임해서는 영어교사로 재직한 선교사이다. 이광수를 가르치던 무렵에는 60세 가까운 나이였으나 1911년 심장마비로 사망했다.

이광수가 '심술궂은 수사법 선생'이라고 쓴 랜디스 선생은 메이지학원의 명물 교사로서, 혀끝을 말아 올리고 계속해서 영어로 이야기하는 그의 수업시간에는 많은 학생이 곤혹스러워했다고 한다. 이광수의 영어 실력은 이런 미국인 교사들을 통해 길러졌다.

기노시타 나오에, 톨스토이, 바이런

관비유학생 신분으로 메이지학원에 다닌 2년 반 동안 이광수는 고아로서 친척집을 전전하던 때나 학비가 중단되었던 때에 비해 훨씬 안정된 생활을 누렸다. 그런데 반대로 이 무렵 그의 마음속은 크게 동요하고 있었다. 문학에 눈을 떴기 때문이다.

어느 날 유학생감독부에 학비를 받으러 갔던 이광수는 서점에서 《불기둥火の柱》이라는 책을 사서 집으로 돌아와 그날 밤으로 통독한다. 《불기둥》은 기독교 사회주의자이자 비전론자非戰論者인 주인공, 그를 연모하는 아름다운 여인, 두 사람을 떼어놓으려는 계모, 주인공의 연인을 짝사랑하는 악덕 군인 등이 등장하는 기노시타 나오에木下尙江의 다소 통속적인 반전소설反戰小說이다. 그 후로도 기노시타의 작품에 열중했던 이광수는 신경과민이 되어 밤중에 돌아다니거나 히스테릭하게 울곤 해 주위를 놀라게 했다고 한다.

이러한 체험을 거쳐 이광수는 문학소년이 되어갔다. 주위에서 문학에 관심을 가진 사람이라고는 다이세이중학의 홍명희뿐이었던 터라 두 사람은 자연스레 친해졌다. 집안이 유복하고 용돈에 구애받지 않았던 홍명희는 좋아하는 책을 사 모아서 이광수에게도 빌려주었다. 훗날 이광수는 그가 자신의 '문학 지도자'였다고 회상한 바 있다.

이광수가 4학년이 되던 해 봄, 문학을 좋아하고 약간 괴짜인 야마사키 도시오山崎俊夫가 다이세이중학에서 전학을 왔다. 다이세이중학에서 홍명희와 친했던 야마사키는 메이지학원에서 이광수와 사이좋게 지냈다. 야마사키가 권해준 톨스토이의

《나의 종교我宗敎》를 읽은 이광수는 이번에는 톨스토이에 심취했다. 톨스토이는 〈마태복음〉 제5장 '산상수훈山上垂訓'의 다섯 계율을 근거로 기독교는 실천하는 것이라고 주장했다. 톨스토이에게 감화되어 교회에 나가지 않고 홀로 기독교 실천자가 될 것을 결심한 이광수는 매일 밤 몰래 숲에서 기도를 올리는가 하면 남 몰래 선행을 실천하는 청교도적인 소년이 되었다.

그러던 중 홍명희가 권한 바이런의 시가 또다시 이광수의 정신을 뒤흔들어 놓았다. 이에 대해 이광수는 다음과 같이 회상했다.

그러나 조물造物은 그에게 안온安穩하기를 허하지 아니하여 홍洪이라는 사람으로 하여금 바이런의 《해적海賊》과 《천마天魔의 원怨》을 보이게 하여 안온하던 이 소년의 영靈을 산란하게 한 뒤에 《문계文界의 대마왕大魔王》이라는 바이런의 전기傳記를 빌리어 일찍 《불기둥火の柱》을 불 일던 속 그 모양으로 김경金鏡이 가슴에 불길을 일으키었다(〈김경〉, 1915).

홍명희는 《천마의 원(악마의 원망)》이 상당히 마음에 들었던 듯 주인공 카인의 이름을 따 가인假人을 호號로 삼기도 했다. 도대체 바이런의 어떤 점이 그렇게까지 그들의 마음을 끌었던 것일까.

기무라 다카타로의 《바이런 문학계의 대마왕》

바이런은 19세기에 활약한 영국의 대표적인 낭만파 시인이다. 홍명희가 이광수에게 건네준 책은 1902년에 출판된 바이런 평전 《바이런 문학계의 대마왕バイロン 文界之大魔王》이었다.

저자인 기무라 다카타로木村鷹太郎는 국가주의 철학자 이노우에 데츠지로井上哲次郎(1855~1944)*나 본능예찬주의로 유명한 사상가 다카야마 조규高山樗牛(1871~1902)** 등과 함께 일본주의를 제창하고 잡지 《니혼슈기日本主義》를 발간한 인물로, 말년에는 세계 문명의 기원이 일본이라는 독특한 해석을 토대로 과대망상적인 책을 많이 썼다. 자신과 다른 견해를 철저히 공격한 탓에 논단에서는 '기무타카'로 불리며 경원시되었다고 한다.

---

* 메이지 20년대 교육칙어 제정을 둘러싼 국가주의 교육체제의 확립시기에 국민도덕론을 주도했던 철학자. 《교육칙어教育勅語》의 해설서인 《교육연의教育衍義》(1890), 《국민도덕개론國民道德概論》(1912) 등의 저서가 있다.
** 메이지시대 일본의 문예평론가이자 사상가. 청일전쟁 후 일본주의를 주장하고 국민문학을 고창했으나 이후 니체의 영향을 받아 미적 생활을 제창하고 더 나아가 가마쿠라시대鎌倉時代의 불교승려로 법화경을 중시했던 니치렌日蓮에 심취했다.

낭만주의시대로 불린 1890년대 후반부터 1900년대 중반까지 바이런은 인기가 높았다. "아내를 얻으면 재주가 용하고"라는 구절로 유명한 요사노 뎃칸與謝野 鐵幹(1873~1935)*의 〈님을 연모하는 노래人を戀ふる歌〉에는 '바이런·하이네 열기'라는 말이 나오는데, 그 '바이런 열기'의 한 축을 담당한 것이 바이런의 작품을 번역하고 그의 평전을 쓴 기무라였다.

기무라가 독자적인 해석을 내세워 바이런의 세계관을 해설한 평전《바이런 문학계의 대마왕》은 바이런의 열정적인 시구詩句와 함께 커다란 인기를 얻었지만, 바이런 붐이 종언을 고한 뒤에는 급속히 잊혀졌다.

이광수는 당시 바이런에게 받은 충격을 다음과 같이 회고했다.

K라는 친구에게 권함 받은 바이런의 시들―〈카인〉, 〈해적〉, 〈돈판〉 등이 어떻게 청교도적 생활이 천박함과 악마주의의 힘 있고 깊음을 내게 가르쳤는지, 나는 마치 부자유한 감옥

---

* 메이지시대 와카和歌 작가이자 시인. 1899년 도쿄신시샤東京新詩社를 창립하고 이듬해 4월에 《묘죠明星》를 창간해 과장된 감각과 분방한 공상을 구사한 이른바 '세이킨죠星菫調'를 개척했다. 서구 문예를 적극적으로 도입한 《묘죠》는 화려한 낭만주의 문예를 꽃피워 메이지기의 시단을 주도한 잡지로 꼽힌다.

이나 수도원에서 끝없이 넓고 밝은 자유의 신천지에 나온 것 같이 생각하였다(《그의 자서전》, 1936).

바이런에게 받은 충격은 이광수를 속박하고 있던 도덕관념과 청교도적이고 옹색한 인생관을 무너뜨리고 자아를 각성시켜 자신의 모습과 욕망을 있는 그대로 받아들이는 문학의 원점을 획득하도록 해주었다. 그러나 그것이 전부는 아니었다. 기무라의 바이런 평전은 당시 일본 문학의 근저에 흐르고 있던 우승열패優勝劣敗 사상을 고취한 것이었고, 이광수는 그 사상적 세례를 받았던 것이다.

제국주의시대의 통념

《바이런 문학계의 대마왕》에서 기무라는 '해적주의海賊主義'와 '악마주의'라는 두 개의 키워드를 내세워 '바이런 철학'을 설명한다. '해적주의'란 넓은 바다에 자신들의 세계를 구축한 해적 콘래드의 무엇에도 얽매이지 않는 불기不羈 정신이고, '악마주의'란 타락 천사 루시퍼의 반역 정신이다.

기무라는 이 불기와 반역의 정신을 '강대한 의지'라고 부른다. 물론 신도 '강대한 의지'의 소유자다. '강대한 의지'를 가진 자들의 투쟁은 영원히 멈추지 않는다. 그것은 신과 악마가 대립하는 이원론의 세계다.

제국주의시대의 평론가 기무라 다카타로는 이 이원론의 세계를 생존경쟁과 결부지었다. 그리고 정의는 승자의 것이며, 강자는 약자에게 어떠한 의무도 없고 약자는 강자에게 어떠한 권리도 없다고 부르짖었다.

그러나 동시에 기무라는 약자가 강자의 뜻에 복종할 의무 또한 없다고 말한다. 왜냐하면 패배하더라도 반역을 멈추지 않는 한 약자는 진짜 약자가 아니기 때문이다. 진짜 약자란 강자의 지배를 받아들이고 마는 존재다. 기무라는 '강대한 의지'를 가진 자에게 지배되는 약자를 '열등한 자'라고 부르며 이렇게 단언했다.

열등한 자의 심정은 참으로 불쌍히 여길 만하다. 그러나 또한 어쩔 수 없다.

기무라의 이런 냉혹함은 사회진화론자가 진리로 여긴 제국주의시대의 통념을 반영하고 있다. 생존경쟁이 인종 간의 싸움과 결부되어 제국주의는 민족 팽창이 초래하는 필연적 결과라는 것이 당시의 일반적 인식이었다.

일본주의자 기무라가 바이런을 이렇게 해석한 배경에는 청일전쟁 이후의 삼국간섭三國干涉*이 자리하고 있다. 약소국의 처지를 통감한 일본 국민을 향해 기무라는 '강대한 의지'를 갖고 열강의 압박을 거부하며 대국 러시아와 싸울 정신적 힘을 기르라고 부르짖었던 것이다. 《바이런 문학계의 대마왕》에서 기무라는 서양 열강에 상당한 경계심을 표명하고 있다.

실로 구미歐米 기독교 국가의 인민은 자신들이 문명하다고 뽐내지만, 그 내부는 당장이라도 파열을 일으킬 듯한 욕망으로 가득 차 있다. 오직 그 욕망이 있어 그것으로써 강대해진다.

기무라는 열강의 '강대한 의지'의 정체는 '욕망'이라고 갈파했다. 그렇다면 일본이 구미에 대항하려면 그들보다 더 큰 '욕망'을 가져야 한다. 기무라가 《바이런 문학계의 대마왕》을 쓴

---

* 청일전쟁에서 승리한 일본이 요동반도를 점령하자 동아시아 지역에서 일본 세력이 확대되는 것을 경계한 러시아, 독일, 프랑스가 철수를 요구해 관철한 사건. 당시 일본에서는 열강의 간섭으로 인해 자신들의 전리품을 빼앗겼다는 여론이 팽배했다.

것은 일본인의 욕망을 고취시키기 위해서였던 것이다.

러일전쟁이 끝나고 낭만주의가 그 권좌를 자연주의에 내어줌과 동시에 바이런 열기도 사그라들었다. 전쟁에서 승리해 일등국의 대열에 들어섰다고 자임하던 일본은 더 이상 반역을 위한 '강대한 의지'를 부르짖을 필요가 없었다. 식민지를 가진 '제국'이 된 일본은 이제 저항자가 아니라 지배자이자 '폭군'이었다. '폭군'을 위한 '강대한 의지'를 내세워서는 환영받기 어려웠다.

홍명희와 이광수가 《바이런 문학계의 대마왕》을 읽은 것은 자연주의 전성기였던 1909년의 일이었다. 이듬해 한국은 일본의 '욕망'에 삼켜지기라도 하듯 일본에 병합되었다. 일본이 '폭군'인 '제국'으로 변모하려 하던 바로 그때 이광수는 문학에 눈을 떴던 것이다.

루쉰과 이광수, 서로 다른 영향

기무라가 소개한 바이런은 이 무렵 일본에 유학 중이던 루쉰에게도 충격을 주었다. 1906년 센다이 의학전문학교를 자퇴한 루쉰은 이듬해 도쿄에서 〈악마파 시의 힘摩羅詩力說〉이라는 장문의 평론을 썼다. '마라摩羅'란 인도말로 악마를 뜻한다. 이 평론은 바이런의 계보를 잇는 셸리, 푸시킨, 레르몬토프를 비롯한 여러 '악마파 시인'의 사상과 행동을 소개하고 있는데, 중국문학 연구자에 의하면 바이런에 관한 부분은 기무라의 평전과 번역 시를 바탕으로 한 것이라고 한다.

루쉰이 이 평론을 쓴 이유는 악마파 시인의 시처럼 "웅장한 외침으로 그 국민에게 생기를 불어넣어 일으키는" 힘을 가진 정신계의 전사戰士가 출현하기를 바랐기 때문이다. 수업시간에 러일전쟁의 환등기 영상에서 러시아 스파이라는 죄목으로 일본군의 처형을 기다리고 있는 동포를 멍한 표정으로 구경하는 중국인들의 모습을 본 루쉰은 중국에 필요한 것은 병을 치료하는 의사가 아니라 '정신 개조'임을 통감하고 의학전문학교를 그만두었다. 그리고 이듬해 이 평론을 썼던 것이다.

그러나 루쉰은 '강대한 의지'를 강자가 되어 약자를 지배하기 위한 것이라고 생각하지 않았다. 그는 그것을 도태될 약자의 운명을 거부하는 인간의 존엄으로 간주했다. 그리고 10년 후에는 인간들의 먹고 먹히는 악순환을 끊어내기 위해 '강대한 의지'로 아이들을 구하라고 외치게 된다.

한편 바이런을 이광수에게 소개한 홍명희는 20년 후 역사소설 《임꺽정》에서 백정이라는 피차별민으로 태어난 불기不羈와 반역의 주인공을 창조해 신문에 연재한다. 이에 대해서는 나중에 다시 서술하겠다.

기무라의 약육강식적인 바이런 해석을 가장 충실하게 받아들인 사람이 바로 이광수였다. 졸업하고 얼마 지나지 않아 한국병합을 맞은 이광수는 힘으로 빼앗긴 독립은 힘으로 되찾을 수밖에 없음을 통감했다. 그리고 대학시절에는 '강대한 의지', 즉 '욕망'의 교육을 호소하는 논설을 쓰게 된다.

초기 창작—일본어와 조선어의 구사

영화의 '번역'

문학소년은 일반적으로 다른 사람의 작품을 읽고 감동해 이윽고 자신도 창작을 시작하는 것이 보통이다. 그러나 이광수의 경우는 좀 복잡했다. 일본어로 쓰인 작품을 읽고 감동한 나머지 거기서 촉발되어 무엇인가 표현하고자 하는 충동을 품었을 때, 일본어로 쓸 것인가 조선어로 쓸 것인가라는 문제와 맞닥뜨려야 했기 때문이다. 머릿속에 일본어 문구와 표현이 떠돌더라도 이 무렵의 조선어에는 그것에 해당하는 어휘나 표현이 부족했고, 언문일치체도 존재하지 않았다. 이광수는 그것을 스스로 해결할 수밖에 없었다.

일본에서 근대문학이 탄생한 메이지 초기 초창기의 작가들이 서양 문학작품을 많이 읽고 번역하면서 일본어를 확장시켜 언문일치체를 만들어냈다는 것은 잘 알려져 있는 사실이다. 한국 근대문학의 선구자인 이광수의 문학적 글쓰기 역시 '번역'에서 시작되었다.

1908년 중학 4학년이었던 이광수는 유학생 잡지 《태극학보太極學報》에 조선어 논설 두 편과 번역문 한 편을 투고했다. 〈혈루血淚—희랍인 스팔타쿠스의 연설〉(1908.11)은 번역이긴 했으나 이광수가 쓴 최초의 문학적 문장이었다. 이 글은 로마의 유명한 노예 검투사가 자유를 찾기 위해 동료들에게 반란을 호소하는 연설을 담고 있는데, 스파르타쿠스의 출신지 트라키아를 그리스로 설정한 부제목을 비롯해 역사 기술에 오류가 많다. 이광수는 자신이 본 영화를 토대로 〈혈루〉를 썼던 듯하다. 1년 반 뒤에 그는 최남선이 펴낸 잡지 《소년》에 영화를 소설화한 〈어린 희생〉(1910.2~5)을 연재하는데, 거기서도 18세기에 전신주電信柱가 등장하는 등의 오류가 보이는 것으로 보아 그렇게 짐작할 수 있다. 자료가 없는 상태에서 영화의 내용을 소설화했던 까닭에 이런 잘못이 발생한 것이다.

번역translation이란 언어의 전환 혹은 언어의 이동을 의미하는데, 이동transfer이라는 의미로 보면 영화에서 소설로의 이동도 번역의 범주에 속한다. 이런 뜻에서 이광수의 창작은 번역에서 시작되었다고 할 수 있다.

〈어린 희생〉의 문장은 매끄럽고 묘사도 훌륭해 "믿기 어려울 정도로 걸출한 작품"이라는 평가를 받기도 했다. 그 이유는 작품이 씌여지기 전에 먼저 구술되었기 때문이 아닐까 싶다. 이광수는 중학시절 동료들에게 문학에 관심을 갖게 하려고 일요일마다 학교에 동료들을 모아놓고 자기가 읽은 재밌는 이야기를 해주었다고 회상한 바 있다. 그렇다면 자신이 본 영화에 관해서도 이야기했을 것이다. 영화의 내용을 구술한 뒤 그것을 기술한 것이 문장을 자연스러운 구어로 만드는 데 한몫했을 것이다.

이광수가 명문장가로서 명성을 얻은 배경에는 끊임없는 문장 연습이 있었다. 그 후에도 이광수는 번역을 통해 조선어 표현력을 높이기 위한 노력을 계속해나간다.

이언어 창작
―일본어 단편 〈사랑인가〉와 조선어 단편 〈무정〉

졸업을 앞둔 5학년 2학기 겨울, 이광수의 문학은 초기 창작기를 맞는다. 망국亡國을 앞두고 있던 무렵이었다.

1909년 10월 안중근의 이토 히로부미伊藤博文 저격사건이 일어나자 한국에 대한 일본인의 감정은 악화되었다. 메이지학원에서는 한국인 유학생 네 명이 교실에서 집단 구타당하는 사건이 일어나 이부카井深 학원장이 학생들에게 훈시한 일도 있었다. 이광수는 "우리는 그들을 원망하고, 그들은 우리를 미워하고 멸시하였다"《나의 고백》고 당시의 학교 분위기를 회상한 바 있다. 긴박한 분위기 속에서 출발한 이광수의 문학은 처음부터 민족의식과 떼려야 뗄 수 없는 것이었다.

이 무렵 이광수는 조선어 산문시 〈옥중호걸獄中豪傑〉(1910.1)을 썼다. 인간에게 붙잡혀 좁은 철창에 갇힌 호랑이가 주인공이다. 굵은 쇠사슬로 허리가 묶인 채 인간이 던져주는 죽은 고기를 받아먹으며 차츰 패기를 잃어가는 호랑이를 향해 이광수는 노예가 되느니 저항하다 죽으라고 외친다. 호랑이의 처참한 이미지는 당장 독립의 위기에 처해 있던 대한제국을 나타낸다. 도쿄의 유학생들은 조국의 위기 앞에 극적인 긴장 상태에 놓여 있었다. 이 무렵 홍명희는 "그까짓 졸업은 해서 무엇해"라는 말을 내뱉고는 귀국해버렸다.

호랑이는 해방되기 위해 발버둥치는 이광수의 자아이기도 했다. 이 무렵 이광수는 조선어 논설 〈정육론情育論〉(1910.2)을 통해 도덕과 관습이라는 사회의 속박에서 벗어나 본래의 모습으로 돌아가라고 외치고, 다카야마 조규 식의 본능만족주의를 표방하는 일본어 작품을 썼다. 그는 소년애少年愛에 대해 쓰는 것도 주저하지 않았다. 1909년 12월 메이지학원의 교지《시로가네학보白金學報》에 게재된 일본어 단편 〈사랑인가愛か〉는 동성同性에게 실연당해 자살을 시도하는 이향異鄕의 소년이 주인공이다.

〈사랑인가〉 직후 이광수는 남편에게 버림받아 자살하는 여성을 그린 조선어 단편 〈무정無情〉을 써서 1910년 3월과 4월 유학생 잡지《대한흥학보大韓興學報》에 연재했다. 일본어 단편 〈사랑인가〉와 조선어 단편 〈무정〉, 이 두 작품이 이광수의 첫 소설이다. 소설, 시, 문학론, 논설 등 장르를 초월하고 일본어와 조선어의 경계를 넘어선 이광수의 초기 창작은 중학 졸업 이후 1910년 8월 한국병합 때까지 계속된다.

이후에도 이광수는 일본어로 논설과 기행문, 수필 등을 쓰지만, 일본어 소설은 1936년까지 쓰지 않았다. 이에 대해서는 나중에 언급하기로 하겠다.

메이지학원 시절의 이광수
중학 5학년 무렵.《쥬가쿠세카이中學世界》, 1910.2 소재.

소설의 모델이 된 이광수

이광수와 친했던 야마사키 도시오는 중학교를 졸업한 뒤 게이오의숙에 진학해 탐미적인 작풍으로 유명한 소설가 나가이 가후永井荷風(1879~1959)*에게 배우고 기이할 정도로 아름다운 소년애의 세계를 그렸다. 그중 하나가 1914년 1월《데이코쿠문학帝國文學》에 발표한 단편〈크리스마스 전날 밤耶蘇降誕祭前夜〉이며, 여기서 야마사키는 이광수를 실명으로 등장시키고 있다.

시로가네의 미션스쿨 학생인 주인공은 러시아인의 피를 이어받았다고 소문난 금발의(물론 이 부분은 허구이다) 한국인 유학생 이보경李寶鏡에게 관심을 갖고 그에게 접근한다. 그리고 친해진 두 사람은 결국 '아름다운 병'에 걸리는데, 서양적인 것과 사라져가는 것을 미美로 간주하는 주인공이 도착적 감각을 추구하느라 이보경에게 혼혈아임을 인정하도록 '폭군'처럼 강요한다는 이야기다.

소설에 흐르는 공기에는 그 시대의 통념이 배어들어 있다.

---

* 메이지시대부터 쇼와시대에 걸쳐 활동한 소설가이자 수필가. 1910년《미타문학三田文學》의 창간에 참여하여《와세다문학早稻田文學》의 자연주의에 대항하는 탐미주의를 지향했고, 이후 에도적江戶的 화류세계에 탐닉하면서 많은 화류소설을 남겼다.

동경하던 여성이 이보경에게 연애편지를 보낸 사실을 알게 된 일본인 급우는 매우 자연스럽게 다음과 같은 말을 입에 올린다. "연인을 조선인, 그것도 혼혈아 따위에게 빼앗기는 것은 일본인으로서 커다란 치욕이 아닌가." 당시 일본인들의 의식의 근저에는 일본인―조선인―혼혈아라는 위계가 엄연히 존재했고, 그래서 이보경에 대한 주인공의 애착은 동성同性, 조선인, 혼혈아라는 3중의 도착성을 띠었던 것이다.

이광수와 친하게 지냈고 그를 집에도 초대했다는 야마사키 도시오는 당시로서는 예외적인 일본인이었다. 그런 그의 마음에도 차별의식이 자리하고 있다는 사실에 이광수는 더욱 상처받지 않았을까. 대학시절 이광수는 야마사키에게 연락하지 않았다. 이광수가 야마사키와 재회한 것은 중학 졸업 후 30년 이상 지나, 도쿄에서 제1회 대동아문학자대회가 열렸던 1942년의 일이다.

대학 졸업 후 야마사키는 무대의 세계에 이끌려 붓을 놓게 되지만, 그의 특이한 작품은 일부 사람들에게 강렬한 인상을 남겼다. 《분게이슌쥬文藝春秋》를 창간하고 아쿠타가와상을 만든 기쿠치 간菊之寬(1888~1948)*은 교토제국대학 재학시절 야마

---

* 다이쇼시기와 쇼와시기에 걸쳐 활동한 소설가이자 극작가. 1916년 교토대학 문

사키의 팬이 되어 《쥬가이일보中外日報》에 그의 작품을 격찬하는 글을 썼다. 졸업 후에는 일부러 그를 만나러 가기도 했고, 야마사키가 문학에서 멀어진 뒤에는 그의 재능을 애석히 여기는 문장을 쓰기도 했다.

오랫동안 잊혔던 야마사키의 작품은 훗날 불문학자인 이쿠타 고우사쿠生田耕作에 의해 수집되어 《야마사키 도시오 작품집山崎俊夫作品集》 전5권으로 정리·간행되었다.

《신한자유종》 제3호

이광수가 일본에 유학한 시기는 바야흐로 일본이 청일전쟁과 러일전쟁을 통해 구축해온 조선에 대한 패권을 완성시켜가던 때였다.

이광수가 메이지학원에 편입학한 1907년에는 헤이그 밀사사건이 일어났다. 고종高宗이 네덜란드의 헤이그에서 개최된

학부를 졸업한 후 《지지신보時事新報》 기자로 출발해 희곡, 단편소설 등을 썼으나 장편소설 《진주부인眞珠夫人》(1920)이 인기를 끌면서 주로 통속소설 집필에 주력했다. 1923년 《분게이슌쥬》를 창간한 뒤 1928년 사장으로 취임해 사업가로 활약했고, 권위 있는 문학상인 아쿠타가와상芥川賞, 나오키상直木賞 등을 제정하기도 했다.

만국평화회의에 밀사를 보내 보호조약이 무효임을 호소한 사건이다. 밀사는 회의 참가를 거부당했고, 일본은 이에 대한 책임을 물어 고종을 퇴위시켰다. 이어서 대한제국 군대가 해산당해 군인의 일부가 일본군과 교전을 벌였고 이는 결국 전국적인 의병운동으로 확산되었다. 몸은 일본에 있었으나 이광수의 마음은 들끓었을 것이다.

국내에서는 각지의 의병이 일어나서 일병과 싸우고 있었다. 나도 뛰어나가서 의병이 될까 하는 생각도 났다. 뉘게서 들은 말은 아니나 무슨 비밀결사를 만들어야 할 것도 같아서, 나 또래 칠팔인이 '소년회少年會'라는 것을 조직하고 회람잡지를 만들었다. 회원이 이십 명쯤 되었다. 모두 십칠팔 세의 소년들이었다. 잡지도 등사판에 박았다. 그 내용은 비분강개한 애국적인 시·소설·논문·감상문 등이었으나 셋째 호인가 넷째 호 적에 벌써 일본 관헌의 눈에 띄어서 우리는 경시청에 불려 야단을 만났다(《나의 고백》, 1948).

이때 압수된 잡지는 기구한 운명을 겪다 최근에야 발견되었다. 한국병합 직전까지 한국 내부內部 경무국장을 지냈고 나중에 경찰계의 중진이 된 마츠이 시게루松井繁(1866~1945)의 장서

와 문서류가 그의 사후 '마츠이 박사 기념문고'로 오랫동안 경
찰대학에 보관되었다가 국립공문서관國立公文書館으로 이관됐
는데, 한국병합 직전 조선인의 의식 동향 조사를 목적으로 압
수한 자료를 일본어로 번역한 문서 가운데 '대한소년회'가 발
행한 《신한자유종新韓自由鍾》 제3호가 그 문고에 들어 있었던
것이다. 이 경찰 자료는 2005년에 정리·간행되었다.

  《신한자유종》 제3호는 목차와 서문에서 잡기雜記에 이르기까
지 한 권의 내용이 그대로 수록되어 있다. 당국은 '자유종'을 치
는 수군 병사를 그린 표지, 이순신과 거북선이 그려진 권두 그
림, 옥중의 안중근을 그린 삽화가 포함된 잡지 전체에 자료적
가치가 있다고 판단했을 것이다. 그중에서도 안중근이 처형된
3월 26일에 쓰인 논설은 격렬한 어조로 그의 행위를 칭송하고
있어 안중근에 대해서는 일절 언급할 수 없었던 유학생 잡지
《대한흥학보》와의 차이가 눈에 띈다. 검열을 의식하지 않은 소

《신한자유종》 제3호
1910년(융희隆熙 4) 4월 1일 발행. 위쪽에 '극비'라는 도장이
찍혀 있는 것이 보인다.

년들이 손수 만든 잡지였기에 이토록 과격한 글을 쓸 수 있었고, 바로 그런 까닭에 당국은 그림까지 포함해 잡지 전체를 자료화했던 것이다. 표지에는 '극비極秘'라는 도장이 찍혀 있다.

이광수는 이 잡지에 기행문 〈여행잡감旅行の雜感〉과 수필 〈군은 어디로君は何處へ〉 두 편을 실었다. 주목할 점은 이 두 편만 제목 옆에 '원문 일본어'라고 적혀 있다는 것이다. 조선어로 쓴 글을 일본어로 번역한 자료 가운데 이광수의 문장만큼은 처음부터 일본어로 쓰였던 것이다.

귀국 여정

1910년 3월 26일 메이지학원 보통학부의 졸업식이 거행되었다. 이날은 안중근의 처형 집행 당일이었다. 이광수는 졸업식 3일 전 일본을 떠나 귀국했다.

그는 귀국길에 《신한자유종》 제3호에 실린 기행문 〈여행잡감〉을 썼다. 햇빛이 눈부신 산요센山陽線을 지나 한밤중에 관부선에 오른 이광수가 이튿날 아침 배에서 내렸을 때는 한국의 하늘도 새파랗게 활짝 개어 있었다. 그런데도 그는 "우주에 가득한 햇빛도 이 한산韓山에는 비추지 않는 듯하다"고 썼다. 일본인 승객과 분리돼 있던 한국인 전용칸의 불결함에 진저리를 치면서 그들을 청결케 하는 것이 자신의 역할이라는 비장한 결의를 하며 쓴 글이다.

이때 그의 나이 18세. 고향 정주에 있는 오산학교五山學校의 교원으로 부임하여 가는 길이었다.

III

교사생활의 좌절에서
대륙방랑으로
(1910~1915)

오산학교—윗연배뿐인 학생들

이승훈과 안창호

조선 북부의 평안도와 황해도를 '서북西北' 지방이라고 한다. 조선시대에 이 지방 출신은 중앙으로 진출할 수 없었다. 그래서 그들의 눈은 자연히 대륙으로 향했고, 중국과 교역하는 상인을 배출해왔다. 새로운 것에 관용적이었던 서북 지방에는 개화기에 기독교 사립학교가 많이 들어섰고, 그 덕분에 새로운 지식을 많이 받아들일 수 있었다.

이광수가 교사로 부임한 오산학교는 기독교계는 아니었지만, 그런 사립학교 중 하나였다. 이승훈李昇薰(1864~1930)이라는 입지전적 인물에 의해 1907년 정주에 설립되었다.

상점 사환에서 시작해 거상이 된 이승훈은 돈으로 양반의 신분을 손에 넣었다. 본래 양반이란 과거에 급제해 벼슬살이하는 사람을 가리키는 말로서 가계家系에 의한 것이 아니었지만, 오랜 세월을 거치며 신분이 되었고 이 무렵엔 그것도 형해화해 족보로 양반의 신분을 매매하기에 이르렀다. 혼자만 양반이라고 자처할 수는 없는 까닭에 그는 고향에 친척을 모아 가옥과 서당을 짓고 양반 일족一族의 외관을 갖추고자 했다.

그 무렵 이승훈은 평양에서 독립운동가 안창호安昌浩(1878~1938)의 연설을 듣다가 "나라가 없는 민족은 세계에 상놈이요, 전 민족이 다 상놈이 되거든 당신 혼자 양반 될 수가 있겠소?"라는 구절에 감동하게 된다. 대한제국 전체를 양반으로 만들겠다고 결심한 그는 안창호에게 달려갔고, 그 자리에서 학교 설립을 권유받아 정주에 오산학교를 세웠다. 그리고 동향同鄕 출신인 이광수를 교사로 초빙했다.

평안도 출신인 안창호는 젊은 시절 독립협회운동에 참가하면서 명연설가로 알려졌다. 독립협회獨立協會는 1896년 대한제국의 독립 고수固守와 내정內政 개혁을 주장하며 창립된 단체인데, 전제정치를 고집한 고종의 손에 의해 해산되었다. 안창호는 1902년 미국에 유학해 재미 동포를 조직하다가 대한제국의 독립이 위기에 처한 1907년 초 귀국한다. 귀국하는 길에 도쿄에 들러 유학생 단체가 마련한 환영회에서 연설을 했는데, 이

때 이광수는 청중의 한 사람으로 그의 연설을 들었다.

귀국한 안창호는 '신민회新民會'라는 비밀결사를 조직하는 한편, 학교와 회사를 설립하고 강연회를 열어 독립을 유지하려면 우선 민족이 독립할 만한 힘을 갖추어야 한다고 호소했다. 그의 주장은 '실력양성론', '자강론自強論' 혹은 '준비론'이라고 불린다. 안창호는 평양에 대성학교大成學校를 설립하고 교장이 되어 교육자로서도 명성이 높았는데, 이광수가 오산학교의 교원으로 부임했을 때는 국외 망명을 준비하고 있었다. 그들이 서로 알게 된 것은 1919년 상하이에서였다.

오산학교 부임

1910년 4월 3일 지식인 신문 《황성신문》 잡보란雜報欄에 작은 기사가 실렸다. '오산유사五山有師'라는 표제를 단 그 기사는

안창호
호는 도산島山. 인격이 고결하고, 거짓말과 남의 험담을 결코 하지 않았다고 한다. 그의 인격을 사모한 이광수는 그를 스승으로 섬겼고, 훗날 그를 모델로 한 미완의 장편 《선도자先導者》와 전기 《도산 안창호》를 집필했다.

일본 유학생으로 학술상 천재가 월등해 이름이 쟁쟁한 이보경 씨가 중학을 졸업하고 귀국해 오산학교에 부임하려고 어제 한성을 떠났다는 소식을 전하고 있다.

이 무렵 국가의 위기를 눈앞에 두고 의식 있는 지식인들은 민중에게 애국의식을 깨우치기 위해 다양한 활동, 이른바 '애국계몽운동'을 벌여 '애국지사'로 불리고 있었다.

이광수는 중학교 여름방학 때 황해도에서 열린 강습회에서 교사로 근무하면서 애국계몽운동 종사자들에게 이름이 알려졌다. 게다가 잡지 《소년》에 시와 논설을 발표하며 최남선, 홍명희와 나란히 '동경삼재三天才'로 불리는 등 18세에 이미 나이 어린 명사名士가 되어 있었다.

이광수가 탄 기차가 고읍 역에 도착하자 정렬해 기다리고 있던 오산학교 학생들이 이날을 위해 만든 노래를 부르며 그를 환영해주었다. 놀랍게도 학생들은 모두 이광수보다 나이가 많았다. 이 무렵 200명가량 되었던 오산학교 학생의 연령은 23세에서 30세 이상이었다고 한다.

당시 평안도에서 민족주의 교육의 중심은 오산학교와 대성학교였다. 이광수는 아침 조례시간에 학생들에게 훈화를 하곤 했다. 애국정신 양성을 목표로 한 오산학교는 훈화를 중시해 학교에 '애국지사'가 오면 수업을 쉬고 훈화시간을 가졌다. 반일反日 신문인 《대한매일신보大韓每日申報》에서 주필을 지낸 신채호申采浩, 훗날 대한민국의 초대 대통령이 되는 이승만李承晩도 망명 도중 오산학교에서 강연한 일이 있다.

유학생 중에는 관리가 되어 출세하겠다는 이도 있었지만, 이광수는 자신이 해야 할 일은 민중의 계몽이라고 믿었다. 그러나 사립학교 교원을 존경해주는 것은 기독교인, 그리고 헌병과 경찰의 미움을 받고 있는 애국지사뿐이었다고 이광수는 회상하고 있다.

애국지사는 수가 적었고, 그들을 에워싸고 있는 것은 신문과는 인연이 먼 수많은 민중이었다. 그리고 민중은 사립학교의 교원보다 금실로 꼰 끈을 달고 허리에 서양 칼을 찬 헌병보조원을 훨씬 더 존경했다.

이광수에게는 관리가 되는 것이 부끄러운 일이고 오산학교 교원이 되는 것이 명예로운 일이었지만, 고향 사람들은 반대로 이광수에게 도쿄의 중학교를 졸업했으면서 관리도 되지 못했느냐는 시선을 보냈다. 그 간격이 그를 괴롭혔다. 이광수는 민중 속에 애국지사의 세계를 펼치는 것이 자신의 임무라고 생각했다.

'시로가네의 세계'와 '오산의 세계'

이광수는 오산학교에 온 뒤 곧 후회한다. 그가 이승훈의 초빙에 응한 것은 민족 교육에 대한 열정 때문이었다. 그런데 이무렵 바이런에 심취해 있던 이광수는 전원에서 시나 지으려던 다분히 문학소년적 사고에 젖어 있었다. 그런 그를 기다리고 있던 것은 도쿄에서는 상상도 할 수 없을 만큼 불결한 시골생활과 자신보다 나이 많은 학생들이었고, 감당해야 할 수업 또한 엄청나게 많았다. 젊은 이광수는 이런 현실을 받아들이기 힘들었다. 그래서 그는 학과 업무를 마치면 종종 술을 마시고 바이런을 자칭하는 생활을 보냈다.

사실 이광수에게는 중학 여름방학 때 고향에 들른 길에 서둘러 결혼한 아내 백혜순白惠順이 있었다. 그는 이 결혼에 대해 자세히 언급하지 않았지만 죽음을 앞두고 있던 부친의 친구가 딸을 부탁하자 일시적인 격정으로 식을 올린 듯하다. 당시 한국에는 조혼 풍습이 있어 도쿄에 유학하던 학생들에게는 거의 고향에 부모가 맺어준 아내가 있었다. 그래서 이광수도 그다지 심각하게 생각하지 않았을 것이다. 그런데 막상 결혼하고 보니 아내에게 애정이 생기지 않았다. 그는 식을 올린 이튿날 아침부터 벌써 후회하기 시작했다. 백혜순은 선량한 사람이었지만, 아무래도 좋아지지 않았다고 이광수는 회상했다.

오산학교에 부임한 뒤에는 아내가 기다리는 집으로 돌아가기 싫어서 친구집을 전전하며 술을 마셨다. 그러다가 조부가 돌아가셨을 때도 임종을 지키지 못했다고 한다.

그러나 2, 3개월 뒤 이광수는 스스로 반성하기 시작한다. 도쿄에서 머릿속에 잔뜩 집어넣은 여러 가지 생각이 결국 '4첩반四疊半'*의 '공중누각空中樓閣'으로 여겨지고, 자기에게는 오산에서 해야 할 일이 있다고 생각하게 된 것이다. 훗날 이광수는 단편 〈김경金鏡〉(1915)에서 당시 자신의 내부에 자리했던 이 두 가지 마음을 기노시타 나오에木下尚江와 톨스토이, 바이런을 읽던 '시로가네白金의 세계'와 자신을 건전한 조선인으로 만들어준 '오산五山의 세계'로 분석하고 있다.

시로가네에서 각성한 자아는 인간의 본능이 명령하는 대로 타자를 삼켜 팽창하기를 희구하고 그것이 본래 인간의 모습이라고 부르짖었다. 그러나 그것은 제국주의의 이론이었고, 그것이 삼키려 하는 것은 자신의 조국이었다. 이광수의 몸이 시로

---

* 일본에서는 방바닥에 장판 대신 짚으로 짠 돗자리 다다미를 깐다. 다다미 1장의 면적은 가로 90㎝×세로 180㎝로, 4첩반이란 다다미 네 장 반이 깔린 좁은 방을 가리킨다.

가네를 떠나 오산으로 온 지 2, 3개월, 그의 마음도 '시로가네의 세계'를 떠나 '오산의 세계'로 옮아오기 시작했다. 그는 헌신적인 교사로 변해갔다.

한국병합의 충격

'힘'에 대한 희구

오산학교에 부임한 후 이광수는 《소년》에 〈금일 아한我韓 청년의 경우〉(1910.6)와 〈조선사람인 청년들에게〉(1910.8) 두 편의 논설을 발표한다. 이 글에서 그는 조선의 부모 세대는 지식도 없고 힘도 없어 자녀 세대를 이끌어줄 수 없기 때문에 청년들이 단체를 만들어 자기수양自己修養을 해야 한다고 언급하는한편, 부모 세대는 자녀 세대를 위해 자기를 희생해야 한다고주장했다. 여기에는 훗날 이광수가 주장하는 '단체에 의한 실력양성'과 '자녀 중심' 사상의 맹아가 드러나 있다.

한 가지 더 주목되는 것은 이 두 편의 논설을 사이에 두고 이광수가 민족의 호칭을 '한韓'에서 '조선朝鮮'으로 바꾼 점이다.

지금까지 자신은 '이조李朝' 시대를 부끄러이 여겨 '조선인'이 아니라 '한인韓人'이라 불리는 것을 좋아했다, 그러나 본래의 조선 민족은 영예로운 민족이다, 그러니 이제부터는 당당히 '조선인'임을 밝히자고 이광수는 〈조선사람인 청년들에게〉에서 선언하고 있다.

이 논설이 《소년》에 발표된 1910년 8월 대한제국은 일본에 병합되어 '조선'이라는 국호를 사용하게 되지만, 이보다 먼저 이광수는 자각적으로 '조선'이라는 호칭을 선택했던 것이다.

8월 29일, 한일병합 조약이 공포되고 한국은 정식으로 일본에 병합된다.

이날 아침 고읍 역에는 안개가 자욱했다. 이광수는 여행을 가기 위해 역에 나갔다가 대합실 벽에 붙은 벽보를 읽었다. 놀랍게도 그것은 조서詔書였다. 대한제국의 황제는 신민臣民과 통치권을 대일본제국의 천황에게 양도한다는 조서와 대일본제국의 천황은 이를 받아들인다는 조서가 커다란 문자로 석판 인쇄되어 있었다. 이광수는 망연자실했다. 너무 놀란 나머지 어떻게 반응해야 좋을지 몰랐던 것이다.

나는 여행을 중지하고 정거장에서 나와서 학교로 향하였다.

'인제는 망국민이다' 하는 생각을, 한참 길을 걸은 뒤에야 할 수가 있었다.

나는 중도에 앉아서 얼마 동안인지 모르게 혼자 울었다. 나라가 망한다 망한다 하면서도 설마설마 하고 있었던 것이다. '왜? 대황제가 이 나라의 주인이냐? 그가 무엇이길래 이 나라와 이 백성을 남의 나라에 줄 권리가 있느냐?'

이런 생각도 났으나 그것은 '힘'이 있고야 할 말이다. 힘! 그렇다 힘이다! 일본은 힘으로 우리나라를 빼앗았다. 빼앗긴 나라를 도로 찾는 것도 '힘'이다! 대한 나라를 내려누르는 일본 나라의 힘은 오직 그보다 더 큰 힘을 가지고야 밀어낼 수가 있다(《나의 고백》, 1948).

혼란했던 머릿속에서 한 가지만이 분명했다. 그것은 자신의 장래가 이 '힘'을 찾는 데 바쳐질 것이라는 사실이었다. 이광수의 창작활동은 여기서 일단 중단된다.

헌신에서 갈등으로

한국병합 이듬해, 이승훈이 조선총독부가 날조한 데라우치 마사타케寺內正毅 총독 암살사건에 연루되어 체포된다. 이광수는 교주校主가 자리를 비운 오산학교를 지키며 헌신적으로 일했다. 학교는 물론 야학에서도 수업을 맡았고, 주말에는 동회洞會 일을 보았다. 이승훈이 자신의 일가를 모은 마을 조직이었던 동회는 남녀가 평등한 의결권을 가지고 마을의 자치를 결정하는, 당시로서는 보기 드문 조직이었다.

당시 조선의 위생 상태는 매우 열악해 여러 가지 병의 원인이 되었다. 동회의 일로 이광수는 주말마다 집집을 돌며 부엌과 변소부터 방 안의 침구에 이르기까지 위생상태를 점검했다. 내외內外라 하여 남녀가 얼굴 마주치기를 피하는 습관이 지켜지고 있던 당시의 시골에서 남의 집안에 들어가 침구까지 펼쳐보는 것은 젊은 남성이 견디기 힘든 일이었다.

그러나 노력한 보람이 있어 이광수가 살던 마을은 이웃마을과는 비교도 되지 않을 정도로 청결해졌다. 당시 조선총독부는 콜레라의 방역과 공중위생을 위해 정기적으로 헌병을 보내 마을을 순회하며 위생검사를 실시하도록 했는데, 이 마을은 검사할 필요가 없다고 하여 헌병도 들어오지 않았다고 한다. 이러한 경험은 나중에 그의 논설과 소설에서 되살려진다.

이 무렵 이광수는 땔나무와 식료는 학교에서 지급받아 생활했지만 월급이 얼마 되지 않아 옷도 제대로 입을 형편이 못 되었다. 하루 종일 학교일에 쫓기고 밤에는 이튿날 수업 준비, 주말에는 마을 순시 등의 고된 노동으로 몸과 마음이 점점 피폐해져갔다. 아내에게 애정이 없었던 그는 학교에서 먹고 자고 학생들에게 애정을 쏟는 것으로 위안을 삼았다.

그러나 이러한 생활 속에서도 이광수는 '번역'을 통해 조선어 문장을 연마해갔다. 1913년 2월에는 스토 부인의 《엉클 톰스 캐빈Uncle Tom's Cabin》(1852)을 초역해 신문관에서 《검둥의 설움》이라는 제목으로 간행한다. 일본에서 출간된 사카이 도시히코堺利彦의 《인자박애 이야기仁慈博愛の話》(1903)와 모모시마 레이센百島冷泉의 《노예 톰奴隷トム》(1907)을 조합해 조선어로 독자적인 번역 작품을 만들어냈던 것이다. 이렇게 연마한 문장력은 1917년에 발표한 그의 대표작 《무정》의 기반이 된다.

이윽고 이광수의 마음에 자신이 뒤처지고 있는 것이 아닐까 하는 두려움이 커져갔다. '조선 최고의, 세계에 이름난 사람이 되리라'는 야심을 품고 도쿄에 유학했지만 중학 졸업 후 진학을 위한 노력을 하지 않고 귀국해버린 일이 후회되기 시작했다. 자신의 재능을 믿었던 그는 그 재능을 최대한 발휘해 성공하고 싶다는 욕망을 갖고 있었다. 그러나 오산학교는 그러한 욕망을 펴기에는 너무 작은 곳이었다. 이때 그의 마음에 '시로가네의 세계'가 부상한다. 민족을 위해 희생하기를 요구하는 것이 '오산의 세계'였다면, 개인의 욕망을 긍정하는 것은 '시로가네의 세계'였다.

배척사건

조선총독 암살사건에 연루되어 체포되기 직전 이승훈은 기독교로 개종했다. 이런 경위로 오산학교도 미국인 선교사를 교장으로 맞아들였다. 재정난에 직면한 오산학교는 기독교 학교가 되었던 것이다. 그런데 이로 인해 중학시절부터 톨스토이를 따르는 독자적인 신자이자 진화론과 바이런의 신봉자였던 이광수는 교회의 운영방침과 충돌하게 된다.

교회는 톨스토이의 기독基督 해석을 인정하지 않았고, 바이런의 시를 '악마주의'라 하여 학생들에게 읽히는 것도 비난했다. 권위에 순종적이었던 마을 사람들은 교회 측에 붙어 이광수를 실망시킨다. 민족의 중추는 유산계급과 지식인이며 민중은 그들에게 인도되는 존재라는 이광수의 사고방식은 이 무렵 싹튼 것일지도 모른다.

결국 학교에서는 이광수를 배척하는 운동까지 일어났다. 톨스토이 사상을 선전해 학생들을 타락시킨다는 것이 그 이유였다. 배척운동의 주모자는 그가 가르쳤던 졸업생이었다. 훗날 이광수는 옛 제자에게 배반당한 충격은 컸지만, 한편으로는 학교를 그만둘 명분이 생긴 것을 다행이라 생각했다고 회상하고 있다.

이광수는 아내에게 돌아올 기약 없는 여행이니 기다리지 말라고 이야기하고는 1913년 11월 대륙방랑의 길을 떠났다. 아내는 기다리겠다고 말했다고 하는데…….

열여덟 살 때부터 3년 반 동안 그의 모든 것이었던 학교를 그만두고 쫓기듯 떠나던 때의 쓰라림은 훗날 장편 《무정》에서 주인공 형식이 학생들에게 조소받으며 학교를 떠나는 장면에 고스란히 투영된다.

대륙방랑의 길―상하이, 블라디보스토크, 치타

빈번한 우연

이광수의 소설에는 우연한 만남이 자주 등장한다. 이를 '우연의 남용'이고 통속적이라고 비판한 데 대해 이광수의 인생을 소설화한 쪽이 훨씬 통속적이라는 반론이 있을 정도로 그의 인생에는 우연한 만남이 많았다. 궁색한 처지에 놓이면 누군가가 도움의 손길을 내미는 것이다. 그 가운데서도 최고의 우연은 중국 국경인 안동安東(지금의 단동丹東)에서 정인보鄭寅普를 만난 일일 것이다.

오산학교를 그만둔 뒤 이광수는 기차를 타고 중국으로 향했다. 안동에 도착해서 하룻밤 자고 숙박비를 지불하자 수중에 남은 돈이 얼마 되지 않았다. 그 돈으로 펑톈奉天(지금의 쉔양瀋

陽)을 향해 최대한 가보고 돈이 떨어지면 그다음부터는 걸어서 갈 예정이었다. 당시 이광수는 동남아시아에서 인도를 거쳐 페르시아와 이집트를 보고 아프리카의 희망봉까지 갈 계획이었다고 한다. 그런데 안동현 역을 향해 걷고 있을 때 그에게 말을 거는 이가 있었다. 경성 홍명희의 집에서 만났던, 나이는 젊지만 이미 한학자로 명성이 높은 명문 양반 정인보였다. 정인보는 이광수에게 어디로 가느냐고 물었다. 이광수가 여행 계획을 털어놓자 그는 놀란 얼굴로 지금 북쪽은 추워서 여행하기가 어려우니 따뜻한 상하이로 가라고 권하고는 상하이에 있는 홍명희의 주소를 가르쳐주며 돈까지 쥐어주었다.

이광수는 정인보가 준 돈으로 중국 옷과 상하이행 배표를 샀다. 이미 압록강은 얼기 시작하고 있었다. 이광수는 그해의 마지막 배에 올랐던 것이다.

만약 이광수가 안동에서 정인보를 만나지 않았다면 그는 과연 어떻게 되었을까? 매섭게 추운 만주벌판 어느 작은 역에서 얼어 죽지 않았다 해도 그 후 그의 운명은 꽤 달라졌을 것이다. 이후로도 이광수의 인생에는 이런 우연이 계속 따라다닌다.

상하이 — 독립운동가들과 함께

1913년 11월 말, 이광수는 배를 타고 상하이로 갔다. 2년 전 신해혁명辛亥革命이 일어났던 상하이는 중국인들이 안전하고 일거리가 많은 곳을 찾아 조계租界 지역으로 대거 몰리면서 인구가 100만에 육박하고 있었다. 아편전쟁에서 패한 중국이 상하이를 개항開港한 지 70년, 이광수는 줄곧 조계의 현관이었던 와이탄外灘에 도착했다.

양쯔강揚子江에서 황푸강黃浦江으로 들어서자 우선 눈에 띈 것은 미국, 영국, 프랑스의 군함이었고, 그다음은 연안에 늘어선 유럽 은행들의 번듯한 건물이었다. 영국 자본의 홍콩상하이 은행을 비롯해 독일, 벨기에, 러시아, 프랑스의 은행이 즐비하게 늘어선 모습이 중국의 이권利權과 부富를 빨아들이는 '자본주의의 흡반吸盤'처럼 보여서, 이광수는 전부터 들어왔던 '서세동점西勢東漸'이라는 말을 실감하고 전율했다.

영국 조계에는 붉은 터번을 두른 인도인 순사가, 프랑스 조계에는 고깔 모양의 민속 모자를 쓴 베트남 순사가 그곳을 지키고 서 있었다. 이를 본 이광수는 동양을 정복한 서양인이 자신들의 위엄을 높이기 위해 동양인을 "흥미 있는 골동품으로 애완愛玩"한다고 생각해 불쾌하게 여겼다. 소년시절 기선汽船에 놀라 문명에 미혹되었던 이광수는 이곳에서 축소판이긴 하나 드디어 문명의 근본인 '서양'과 조우했다. 그러나 21세의 이광수는 어릴 때처럼 단지 놀라 미혹되는 데 그치지 않고 서양이 동양을 식민지화하고 있다는 사실을 비판적으로 보았던 것이다.

홍명희는 프랑스공원(현재 푸싱공원復興公園) 근처에 위치한 중국인 주택지에 살았다. 금산錦山 군수를 지냈던 그의 부친은 한일병합 직후 '죽어도 친일親日 하지 말라'는 유서를 남기고 순사殉死했다. 3년상을 치른 뒤 홍명희는 중국으로 건너가 이 무렵 상하이에서 조선인 친구들과 지내고 있었다. 담배 살 돈도 부족했던 그들의 집에 여분의 침대가 있을 리 없었다. 이광수는 홍명희와 한 침대를 썼다. 중학시절에 홍명희의 하숙집에서 자주 함께 잤지만, 지금은 성인이었다. 밤중에 눈을 뜨면 두 사람은 등을 맞대고 서로 다른 쪽을 향한 채 자고 있었다고 한다.

홍명희는 아침부터 밤까지 방에 처박혀 오스카 와일드를 읽었다. 함께 지내고 있던 조소앙趙素昂(1887~1958)은 새로운 종교를 일으킨다며 코란을 읽고 명상에 잠겼고, 문일평文一平(1888~1939)은 아래층에 파묻혀 뭐라 뭐라 중얼거리면서 우리에 갇힌 호랑이처럼 방 안을 오락가락했다.

신해혁명의 근거지였던 국제도시 상하이에는 당시 아시아 각국에서 많은 독립운동가가 망명해 있었다. 신해혁명에 참가했던 신규식申圭植(1880~1922)도 그중 한 사람이었다. 중국의 저명한 혁명가 쑹자오런宋敎仁(1882~1913)*과 친했던 그는 혁명이 성공한 뒤 조선독립운동 단체인 '동제사同濟社'를 결성했고, 홍명희는 그의 활동을 돕고 있었다. 그런데 쑹자오런이 위안스카이袁世凱에게 암살당하고 쑨원孫文 등이 위안스카이 타도를 외치며 봉기한 제2차 혁명이 실패하자 동제사는 경제적인 곤경에 빠진다. 이광수가 본 홍명희와 그 친구들의 궁핍상은 동제사가 막다른 골목에 부딪친 탓이었을 것이다.

상하이에서 해를 넘긴 이광수는 신규식의 집에서 열린 신년회 때 그에게 미국행을 권유받는다. 샌프란시스코에 있는 《신한민보新韓民報》가 주필을 구하고 있다는 것이었다. 신규식은 이광수에게 여비 일부와 소개장 두 통을 건네면서 여비 문제는 블라디보스토크와 중국의 무링穆陵에서 해결될 것이라고 말했다. 톨스토이 문학의 무대인 러시아를 횡단하고 유럽을 경유해 미국으로 가는 여정은 이광수가 바라 마지않는 바였다. 이광수는 한껏 기대에 부풀어 블라디보스토크로 향하는 배에 올랐다.

---

* 중국의 혁명가이자 정치지도자. 1911년 신해혁명의 주역 가운데 한 사람으로 중화민국 수립 이후 국민당을 창설했으며, 1912년 말 상하이에서 동제사를 기반으로 조직된 신아동제사新亞同濟社에 참여해 한국의 독립운동을 지원하기도 했다.

블라디보스토크

1914년 1월 초순 아침, 극동極東 러시아의 해군 기지 블라디보스토크는 짙은 안개로 뒤덮여 음산했다. 이광수는 마부가 끄는 썰매를 타고 신한촌新韓村으로 갔다. 썰매는 시가市街를 빠져나가 교외의 공동묘지를 지나고, 거기서도 한참 더 들어간 뒤에야 멈췄다. 블라디보스토크에는 19세기부터 조선인이 이주해 살기 시작했는데, 1911년에 시 당국이 조선인들을 교외에 몰아넣고 집단 거류지를 조성해 이곳 신한촌에 모여 살게 했던 것이다. 1937년에 그들은 소련의 스탈린에 의해 카자흐스탄으로 강제 이주된다.

이광수가 마을에 도착하자 아이들과 청년들이 모여들었다. 청년들은 마을 회장의 집으로 이광수를 데려가 심문하고 멋대로 짐을 검사했다. 연락을 받고 달려온 사람들 가운데 도쿄에서 알고 지내던 지인이 있어 청년들은 곧 물러났다. 그러나 그에게 이곳은 당파 싸움이 심해 소개장이 없는 사람이 오면 심문을 하고 그래도 의심이 풀리지 않을 경우 죽여서 얼음 구덩이 속에 던져 넣기도 한다는 이야기를 듣고는 가슴이 철렁했다.

신규식이 건네준 두 통의 소개장 가운데 하나는 한말韓末 정계의 거물이었던 이용익李容翊(1854~1907)*의 손자 이종호李鍾浩 앞으로 된 것이었다. 함경도 출신인 이종호는 30세가량 되어 보이는 귀족적인 인물이었다. 고려대학의 전신前身인 보성전문普成專門을 비롯한 보성학원을 세운 조부의 뒤를 이어 2대 교주가 된 그는 안창호의 신민회에 가입해 한일병합 후 블라디보스토크로 망명해 있었다. 이종호의 만찬에 초대받은 이광수는 그가 동료들과 조직한 단체 '권업회勸業會'의 기관지《권업신문勸業新聞》의 일을 도와달라는 부탁을 받지만 거절한다. 그곳에서는 결국 미국행 여비에 관한 이야기는 나오지 않았다. 이광수가 블라디보스토크를 떠날 때 이종호는 두 통의 소개장 가운데 나머지 하나의 주인인 이갑李甲에게 보내는 편지와 돈 300루블을 맡겼다.

블라디보스토크에 10여 일 정도 머문 이광수는 이곳저곳을 방문하며 다양한 사람을 만났다. 독립운동가 이동녕李東寧, 이동휘李東輝, 의병義兵 대장으로 유명한 홍범도洪範圖 등을 만나 이야기를 나눴다. 또한 이 지방에 이주해 살던 조선인들이 러

---

* 대한제국 말기의 친러파 정치가. 황실재정 담당 내장원경內藏院卿으로 정계에 지대한 영향을 끼쳤다. 1904년 한일의정서 체결 직후 일본에 납치되었으나 교육사업에 뜻을 품고 이듬해 귀국해 보성소학교와 중학교, 전문학교를 설립했다.

시아 지명이나 물건 이름을 조선어 식으로 바꾼 다양한 어휘들을 기록으로 남기기도 했다.

당시 러시아의 조선인 사회에는 두 개의 동포 조직이 있었다. 미국 대한인국민회大韓人國民會의 시베리아 지부와 이종호의 권업회가 그것이다. 시베리아 남부 치타에 자리한 대한인국민회 시베리아 지부는 구성원 대부분이 평안도 출신인 반면, 블라디보스토크의 권업회는 함경도 출신이 중심이어서 두 단체가 서로 반목하고 있었다. 또한 상하이에는 경성 출신이 많아 블라디보스토크의 함경도 출신과 대립했다. 평안도 출신인 데다 상하이에서 온 이광수는 처음에 자신이 왜 그와 같은 대우를 받았는지 깨달을 수 있었다.

무링

블라디보스토크를 떠난 이광수는 우수리스크 철도로 그로데코브까지 간 뒤 중국으로 들어가 쑤이펀허綏芬河(라즈돌나야 강)에서 중동철도中東鐵道를 통해 무링으로 향했다. 중동철도는 동청철도東淸鐵道라고도 불리는데, 러시아가 청淸과 계약을 맺어 시베리아 철도의 지선支線으로 부설한 것이다. 선로 주변 땅은 러시아에 수용되어 치외법권의 반¥식민지 상태였다. 따라서 어느 역에서나 러시아 여성들이 따뜻한 우유와 고기, 빵을 팔았다.

이광수가 만나러 간 이갑李甲(1877~1917)은 평안남도 출신으로, 구한말 독립협회시절에 활약한 유명한 독립운동가였다. 일본의 사관학교에서 유학한 후 대한제국의 육군 장교가 되었고, 안창호와 함께 신민회를 결성하기도 했다. 한일병합 후 러시아에 망명했다가 병을 얻어 전신불수가 된 그는 무링에서 정양 중이었다.

이광수는 이곳에서 한 달가량 머물며 이갑의 이야기 상대가 되어주었다. 이갑은 입 또한 자유롭지 않아서 발음이 어눌했지만, 익숙해지면 그런대로 이해할 만했다. 이광수는 그를 위해 편지글을 받아 적거나 대필을 했다. 그 편지 내용은 모두 민족을 위한 '공공한 일'이었으며, 이갑은 "합하면 흥하고 갈리면 망한다"고 몇 번이나 거듭 이야기했다고 이광수는 회상하고 있다. 이갑의 인간성에 감명받은 이광수는 1931년 그를 모델로 쓴 소설 〈무명씨전無名氏傳〉을 잡지에 연재하기도 했으나, 검열 때문에 미완으로 끝나고 말았다.

이광수의 여비는 이곳에서도 해결되지 않았다. 이갑의 말로는 미국의 《신한민보》에서 두 번이나 여비가 와서 모두 상하이로 보냈는데 상하이의 신규식이 다 써버리고 말았다는 것이다.

하는 수 없이 이광수는 《신한민보》에 한 번 더 여비를 보내달라는 편지를 쓰고, 답장은 치타에서 기다리기로 해 2월 말 무렵을 떠났다.

치타로 가는 도중 하얼빈 역에 내려 "이상하게 들뜬 마음으로 하루인가 이틀을 자고" 눈 내리는 오후에 모스크바행 열차에 올랐다고, 1936년 신문에 연재한 자전적 소설 《그의 자서전》에서 그는 쓰고 있다. 4년 전 안중근이 이토 히로부미를 저격했던 장소에 왔으니 당연히 '들뜬 마음'이 되었을 것이다. 애매모호한 방식으로 쓴 이유는 아마도 검열 때문이었으리라. 당시의 독자라면 행간에서 이광수의 마음을 알아차렸을 것이다.

치타

치타에는 미국에서 조직된 대한인국민회의 시베리아 지부가 있어 기관지 《대한인정교보》를 간행하고 있었다. 조선인에게 러시아 국교인 그리스정교를 전파한다는 명분을 내세워 정치 활동을 했던 것이다. 치타에 도착한 이광수는 《대한인정교보》의 편집 일을 도우며 미국에서 답장이 오기를 기다렸다.

이윽고 시베리아에 봄이 왔다. 5월 초하룻날은 봄을 맞이하는 명절이라 그곳 사람들은 파릇파릇 잎에 물이 오르기 시작하는 자작나무 숲으로 소풍을 간다. 이광수도 동료들과 함께 도시락을 준비해 가서 음악을 연주하고 춤을 추는 사람들을 구경했지만, 도무지 흥이 나지 않았다. 회비는 물론 잡지 구독료도 잘 걷히지 않아 궁핍한 처지였기 때문이다. 게다가 여비 문제도 틀어지고 말았다. 결국 이광수는 미국에 가는 것을 단념하고 유대인의 집에서 하숙하며《대한인정교보》편집에 전념했다.

1914년 5월과 6월의《대한인정교보》기사는 거의 이광수가 작성한 것으로 추정된다. 그 기사는 격렬한 어조로 독립의 준비를 주장하고 있다. 한편 나중에 다시 언급하겠지만, 이후에 그가 도쿄에서 쓴 기사는 검열을 의식해야 했기 때문에《대한인정교보》에 쓴 기사와는 논조가 꽤 다르다. 당연한 일이지만, 식민지시대의 문장을 읽을 때는 그것이 언제, 어디서, 어떤 상황에서 발표되었는지를 확인하는 것이 중요하다. 이전까지의 이광수 연구에서는 주로 도쿄 유학시절의 문장이 다루어졌지만, 최근에는 그 이전의 대륙방랑시절과 그 이후의 상하이 임정시절의 문장이 발굴되어 연구의 정밀도가 높아졌다.

이광수의 치타 생활은 여름에 끝이 났다. 7월 말 제1차 세계대전이 발발해 독일이 러시아에 선전포고를 하자 일본과의 공동방위체제 확립을 꾀한 러시아 정부가 일본과의 마찰을 피하기 위해 러시아에 거주하는 조선인의 활동을 금지했던 것이다. 이에 《권업신문》은 물론 《대한인정교보》도 폐간되고, 한인 지도자들에게는 국외國外 추방 명령이 떨어졌다. 이광수가 홍안령을 넘어가는 기러기 떼를 보며 조선으로 향한 것은 8월 말의 일이다. 이때 그는 도쿄 재유학을 마음에 두고 있었다.

상하이의 신규식이 미국행 여비를 써버렸다는 사실을 알았을 때 불쾌했다고 훗날 이광수는 회고한 바 있다. 아무것도 모른 채 여비가 마련되기를 기다리며 움직였던 그로서는 당연한 반응이었을 것이다. 그러나 상하이에서 여비가 마련되었다면 이광수는 그곳에서 배를 타고 샌프란시스코로 직행했을 것이다. 다시 도쿄로 가 그곳에서 한국문학 최초의 근대적 장편소설 《무정》을 쓸 일은 없었을 것이고, 시베리아의 아름다운 자연을 배경으로 한 대표작 《유정有情》도 쓰지 못했을 것이다.

당시 신규식은 상하이의 조선인 청년들을 위해 박달학원博達學院이라는 교육시설을 만들고 있었는데, 이광수의 여비는 그 자금으로 돌렸을 가능성이 크다. 신규식이 자금난을 겪은 이유는 쑨원이 주도한 중국 제2차 혁명이 실패해 동제사가 경제적인 곤경에 빠진 탓이었다. 그러니까 《무정》의 탄생에는 중국 제2차 혁명의 실패가 연루되어 있었던 것이다. 이 또한 이광수의 인생에 개입했던 수많은 '우연' 가운데 하나가 아니었을까.

〈공화국의 멸망〉

　이광수는 일단 정주로 돌아왔다. 역시 아내는 그를 기다리고 있었다. 이광수는 오산학교에 복귀했지만, 이미 그의 마음은 거기에 없었다. 방학이 되자 이광수는 경성에 올라가 최남선의 집에 기숙하며 그가 발행하고 있던 잡지 《청춘》의 편집 일을 돕는 한편, 거기에 기행문, 소설, 시 등을 발표했다. 그러나 《청춘》은 이듬해인 1915년 3월부터 장기 정간되고 만다.

　1915년 5월 이광수는 도쿄의 유학생 잡지 《학지광學之光》에 논설 〈공화국의 멸망〉을 발표한다. 〈공화국의 멸망〉은 이광수의 내부에 잠재한 서양에 대한 반발의 맹아를 보이는 글이라는 점에서 중요하다. 이 논설에서 이광수는 외부에서 주입된 '자유', '권리', '법' 사상이 조선의 전통질서를 오염시키고 말았다고 한탄하며 "아아, 우리는 피상적 문명에 중독하야 오래고 정들은 공화국을 깨트리었도다"라고 적고 있다.

　외부 문명에 의해 자신들의 중요한 전통문화를 잃은 데 대한 한탄은 이후로도 이광수의 글에 종종 등장한다. 1942년 태평양전쟁이 발발한 직후 열린 어느 좌담회에서는 고향이 영미식英米式 자유의 풍조 탓에 미풍양속을 잃은 것을 한탄해 〈공화국의 멸망〉을 썼노라고 발언하기도 했는데, 이에 대해서는 나중에 다시 언급하기로 한다.

다시 도쿄로

이광수가 경성의 근거지로 삼았던 최남선의 출판사 신문관은 조선의 고전을 간행할 목적으로 광문회光文會 조직을 따로 두었는데, 이곳은 연령과 출신지에 상관없이 다종다양한 사람들이 출입해 '경성의 양산박梁山泊*'이라고 불렸다.

이곳에서 당시 메이지대학 학생이었던 송진우宋鎭禹를 알게 된 이광수는 그의 소개로 와세다대학을 졸업하고 이제 막 귀국한 김성수金性洙에게서 학비를 지원받게 된다. 훗날 동아일보사와 경성방직京城紡織을 설립하는 김성수는 집안의 재력을 바탕으로 이전부터 주위의 우수한 인재에게 경제적 지원을 하고 있었다.

1915년 여름 이광수는 다시 도쿄로 유학을 떠났다. 8월 초에 장남이 태어나지만, 처자는 고향에서 기다려야 한다고 생각하

---

* 중국 소설 《수호전水滸傳》에 나오는 영웅호걸들의 근거지. 정치에 불만을 품은 천하의 영웅호걸들이 새 세상을 건설하기 위해 이곳에 모여들었다고 한다.

던 시대였던 터라 혼자 유학길에 올랐다.

오산학교에서의 이광수는 학교라는 직장, 마을이라는 사회, 가정이라는 일상 그 어느 곳에도 정착할 수 없었다. 그는 민족을 위해 공헌하고자 하는 한편, 동시에 자기 자신을 발전시켜 나가길 열망했다. 이광수에게 오산시절은 어떻게 하면 그것이 가능할지를 모색하던 시기였다고 할 수 있을 것이다.

지식과 학력이 모자라다는 자각도 그를 괴롭혔다. 그는 대륙 방랑에 나섬으로써 직장의 굴레에서 벗어났지만 결국 가정의 굴레에서는 벗어나지 못했다. 그리하여 교사와는 다른 방식으로 민족에 봉사할 길을 찾아 재차 도쿄로 향했던 것이다.

와세다대학 입학―반일사상과 특고의 감시

5년 만의 도쿄

1915년 여름, 23세의 이광수는 5년 만에 도쿄 땅을 밟았다.

이광수가 고국에 가 있는 사이 일본은 많이 변해 있었다. 우선 메이지 천황이 죽어 연호年號가 다이쇼大正로 바뀌었다. 그가 도쿄에 발 딛은 지 얼마 지나지 않은 11월에는 교토京都에서 다이쇼 천황의 즉위 예식이 거행되었고, 신문은 연일 이 모습을 보도했다.

축제 분위기를 돋운 것은 전해에 발발한 제1차 세계대전이 가져온 호경기였다. 러일전쟁 후 만성적인 불경기가 계속되었던 시장은 이광수가 도쿄에 간 바로 그해에 호경기로 전환되어 연말에는 유례없는 활기를 띠었다. 그러나 다른 한편으로 이

호경기가 인플레이션을 초래해 이광수 같은 유학생들은 생활에 타격을 입었다.

정치적으로는 민중의식이 고양되어 이른바 다이쇼 데모크라시 시대가 시작되었다. 자유로운 분위기를 배경으로 문학에서는 자연주의를 대신해 시라카바파白樺派가 문단의 중심이 되었다. 자신의 자유의지를 살리는 것이 그대로 인류의 의사 표현이라 하여 개인의 천부적 재능을 펼칠 것을 주장하는 시라카바파는 이광수에게도 커다란 영향을 주었다.

이러한 변화 속에서 이광수가 가장 뼈저리게 느낀 것은 조국이 사라졌다는 사실이었을 것이다. 10년 전에는 외국 유학이었지만 이번에는 내지內地 유학이었다.

유학생감독부는 이전과 마찬가지로 고우지마치麴町에 있었다. 1905년 보호조약이 체결되었을 때 이광수는 이곳에 있던 대한제국 공사관으로 달려가 동료들과 함께 울었다. 그 후 공사관은 철수되고 본국의 학부學部 관할 유학생감독부가 들어섰다. 메이지학원시절 이광수는 이곳에서 대한제국 황실이 지급하는 학비를 수령했다. 여러 유학생 단체를 통합해 만든 대한흥학회大韓興學會 사무실도 이곳에 있어서 이광수의 시와 소설이 실린 대한흥학회 기관지《대한흥학보》도 이 건물에서 인쇄되었다.

이제 그곳은 조선총독부의 출장소로서 유학생들을 감시하는 장소가 되었고, 감독 가운데에는 일본인 헌병 대위가 있었다. 그러나 학비가 충분하지 않았던 이광수는 방학이 되면 감독부의 유학생 기숙사에 머물렀다.

이광수는 9월 와세다대학 고등예과에 편입학했다. 당시 3학기제였던 예과의 2학기 편입이었다. 학적부의 거주지란에는 '우시고메牛込 혼무라초本村町 15번지 시마다島田 댁'과 '요츠야쿠四谷區 가다마치片町 18번지 다카기高木 댁' 두 곳이 기재되어 있다. 아마도 겨울방학에는 기숙사에 들어가 하숙비를 줄이고 수업이 시작되면 다음 하숙으로 옮겼을 것이다. 최초의 하숙집은 육군사관학교 근처에 있었다. 현재의 방위성防衛省 정문에서 곧장 외호外濠(황궁을 둘러싼 바깥쪽 해자)와 맞닿은 왼편 모퉁이 쪽이다. 두 번째 하숙집은 이곳에서 좀 더 서쪽에 위치한 육군유년학교 옆으로, 이번에도 볕이 들지 않는 위험한 벼랑 아래에 있었다. 지금은 그 위에 아케보노바시曙橋라는 육교가 놓여 있다.

1916년 3월에 간행된 유학생 잡지《학지광》8호의 판권면에는 '편집 겸 발행인 이광수'의 주소가 벼랑 밑 두 번째 하숙집으로 기재되어 있다. 도쿄에 온 지 반년 후 이광수가 유학생의 중심으로서 왕성하게 활동한 사실을 엿볼 수 있다.

1910년대 유학생들

유학생의 기질은 이전에 비해 많이 달라졌다. 《학지광》에 실린 한 기사를 보면, 한일병합 전의 유학생과 병합 후의 유학생을 '돌팔이 의사'와 '명의名醫'에 비유하면서 비분강개 일변도로 공부는 뒷전이었던 이전의 학생과 달리 지금은 열심히 공부하는 학생이 많아 실력주의 풍조가 강하다는 언급이 보인다. 이 무렵에는 유학생 가운데 공부로 일본인과 경쟁해도 뒤지지 않는 이들이 배출되기 시작했다. 이광수도 대학 1학년 연말시험에서 우수한 성적을 거두어 수업료를 면제받는 특대생特待生에 선발되었다.

이전에는 조선인 유학생 가운데 문학을 하겠다는 사람이 많지 않아서 최남선, 이광수, 홍명희 정도가 전부였지만, 이 시기에는 그 수가 많아진다. 문학 동인지 《창조創造》를 창간하고 근대적인 단편소설을 쓴 김동인, 한국 최초의 근대시로 간주되는 〈불놀이〉를 《창조》에 발표하고 훗날 이광수의 동지가 되는 주요한, 〈표본실의 청개구리〉, 〈만세전萬歲前〉을 쓰고 그 후에도 장편 작가로서 오랫동안 활동을 이어간 염상섭, 작품은 그다지 남기지 않았지만 여성작가의 선구로 꼽히는 김명순, 최초의 여성 서양화가로 소설과 시, 논설을 쓴 나혜석 등 문학을 선택하는 유학생이 많이 생겨났다.

병합 직전 1,000명에 육박했던 유학생 수는 조선총독부의 유학 억제책 탓에 절반으로 줄었지만, 유학생들의 사명감은 그만큼 강해져 그들 사이에는 '적지敵地에 들어가 적의 칼로 적을 친다'는 기개가 팽배했다. 이 무렵 활동의 거점을 고우지마치에서 간다 오가와마치小川町의 도쿄 조선기독교청년회관으로 옮긴 유학생들은 조선유학생학우회를 조직하고 유학생 잡지《학지광》을 발행하는 한편, 신입생 환영회, 송년회·신년회, 연설회 등을 자주 열어 단합을 도모했다. 일본에 머무는 동안 받은 차별에 대한 반감이 더해져 유학생들의 민족의식은 높았고, 일본 유학은 흡사 반일사상 양성의 장과 같은 인상을 주었다.

당국이 이러한 조선인 유학생을 위험시하여 감시한 것은 당연했다. 감시 업무를 담당한 것은 내무성內務省 경보국警報局 보안과保安課 산하의 특별고등경찰, 이른바 특고特高였다. 아이러니하게도 그들이 남긴 기록은 지금 귀중한 자료가 되어 당시 유학생들의 동향을 전해준다.

내무성 경보국이 1916년부터 매년 간행한《조선인개황朝鮮人槪況》에는 일본에 거주하던 조선인의 상황이 자세하게 기록되어 있다. 1916년 당시 일본에 거주한 조선인은 5,624명이었고,

그 가운데 유학생은 485명이었다. '배일사상排日思想'을 품은 조선인은 감시 등급에 따라 '갑호甲号'와 '을호乙号'로 구분되었으며, '갑호'는 엄격히 감시당했다. 1917년 '배일사상'을 품은 자로 분류된 수는 237명이고 그 가운데 83명이 '갑호'로, 이광수도 그 가운데 한 사람이었다.

당시 특고의 감시가 얼마나 엄격했는지는 1916년 5월《학지광》편집회의에 대한 기록이 잘 보여준다. 7호, 8호, 9호가 잇달아 압수되어 편집부가 대책회의를 열었는데, 특고는 이 대책회의에서 누가 무슨 말을 했는지까지 기록하고 있다. 내부에 밀고자가 있었던 것이다. 특고의 정보 수집력은 매우 뛰어났다.

두 개의 투고—상반된 표현

총독부 당국은 일찍이 민족주의 교육을 지향한 오산학교에서 교편을 잡았고 중국과 시베리아에서 저명한 망명자들과 만나고 온 이광수를 주시하고 있었다.《조선인개황》에는 이 무렵 이광수가 민본주의 평론가 가야하라 가잔茅原華山의 잡지《홍수 이후洪水以後》에 2회 연속 투고한 사실이 기록되어 있다.

첫 번째 원고는 1916년 3월호에 게재된 〈조선인 교육에 대

한 요구朝鮮人教育に對する要求〉이다. 이 글에서 이광수는 일본은 이제 '천황의 적자赤子'가 된 조선인에게 일본인과 동일한 교육 제도와 동등한 수준의 교육을 제공해야 한다고, '동화同化'의 논리를 역이용하여 교육의 완전 평등을 주장했다. 메이지 천황은 일본과 조선을 차별하지 않겠다고 약속했으니 이광수의 논리는 누구도 반론할 수 없는 것이었다. 천황의 말을 방패 삼아 차별 철폐를 요구하는 수법은 이후 이광수의 '공식'이 된다. 식민통치가 끝나 해방이 되고 난 뒤 그는 이렇게 회상했다.

가령 '우리 조선인의 교육기관을 세워다오' 할 경우에 언론인이나 공직자는 '같은 천황의 적자赤子가 아니냐, 왜 교육에 차별을 두느냐' 해야 당시에는 말이 통하였고, 관공직이 조선인에 대한 제한이나 차별 타파를 부르짖는 공식이 '다 같이 천황의 적자赤子여든, 내선일체여든, 명치 대제의 뜻이어든 왜 내선 차별을 하느냐' 하는 것이었다(《나의 고백》, 1948).

그러나 이광수는 이런 공식만으로는 투고가 채택되지 않을 것이라고 생각했던 듯하다. 이어서 이광수는 평등한 자격을 얻게 되면 조선인은 "황은皇恩을 입은 것을 진심으로 감사할 것"이라든가, 적당한 시기가 되면 '참정권'을 부여받아 "일본 신민의 대열"에 함께하고 싶으며 이를 위해 교육은 일본어로 하는 것이 좋다는 등, 아첨으로 받아들여지기 쉬운 내용을 함께 언급하고 있다.

한편 그다음 호에서는 반대로 울분을 터뜨리는 듯한 내용의 글을 투고했다. 〈조선인의 눈에 비친 일본인의 결점朝鮮人の目に映りたる日本人の缺點〉이라는 제목의 글인데, 이 원고는 익명으로 투고되었다.

이 글에서 이광수는 조선인과 중국인에게는 오만하기 짝이 없는 일본인이 백인, 특히 영국인에게 비굴하게 구는 것은 가소롭기 그지없다든가, 일본인은 조선인에게서 직업을 빼앗고 재산을 빼앗아 그들을 아사餓死케 하는 '기생충'이라는 매도罵倒 문구를 늘어놓았다. 물론 《홍수 이후》의 편집부는 이 글을 싣지 않았다.

그런데 어떻게 이 익명의 투고가 이광수의 글이라고 특정特定되어 《조선인개황》에 기록되었던 것일까. 아마도 필적 감정이 수반되었을 것이다. 당국은 이광수의 속마음을 꿰뚫어보고 있었던 것이다.

반년 후 이광수는 조선총독부의 기관지인 조선어 신문 《매일신보每日申報》에 〈대구에서〉라는 논설을 발표한다. 조선 청년들에게 직업을 주어 그들의 불만을 억누를 것을 제안한 글인

데, 그 문장의 비굴함은 지금도 여전히 한국의 연구자들에게 비판받고 있다. 그러나 검열의 시대에 공적인 발표를 전제로 집필한 글에서 본심을 확인하는 것은 어려운 일이다.《홍수 이후》에 투고된 두 편의 글은 이를 잘 보여주고 있다.

IV

《무정》의 시대
―명성의 획득과 3·1운동

조선총독부 '기관지'의 의뢰

아베 미츠이에와 나카무라 겐타로

1916년 여름 와세다대학교 고등예과를 마치고 정주에 들른 이광수는 가을에 도쿄로 돌아가는 길에《매일신보》기자였던 친구의 권유로 경성일보사 사장 아베 미츠이에阿部充家(1862~1936)의 집을 방문했다. 이광수가 학비 부족으로 곤란을 겪고 있는 것을 걱정한 친구가 그를 아베에게 소개했던 것이다. 이 만남은 이광수의 삶에 커다란 전기가 된다.

초대 통감이었던 이토 히로부미伊藤博文(1841~1909)가 설립한 경성일보사는 일본어 신문《경성일보京城日報》와 조선어 신문《매일신보》를 간행하고 있었다. 3·1운동 후 1920년에《동아일보》와《조선일보》가 창간되기 전까지는 이《매일신보》가 조선에서 유일한 조선어 매체였다.

초대 총독 데라우치 마사타케寺內正毅(1852~1919)는 경성일보사의 운영을 고쿠민신문사國民新聞社의 도쿠토미 소호德富蘇峰(1863~1957)에게 일임했다. 그러나 경성에 상주할 수 없었던 소호는 자신의 심복을 사장에 앉히고 자신은 감독을 맡았다. 소호는 1918년에 경성일보사를 퇴임했는데, 마지막 5년간은 아베 미츠이에가 사장을 지냈다.

소호와 같은 구마모토熊本 출신인 아베 미츠이에는 불교에 조예가 깊고 소박한 생활을 했다. 그는 조선 청년들과 이야기하기를 즐겼고, 그들을 후원하기도 했다. 경성일보사를 그만둔 뒤에도 조선에 계속 관심을 가져 3·1운동 후 조선총독으로 부임한 사이토 마코토齋藤實(1858~1936)의 조언자로 활약했다. 아베가 사이토에게 보낸 많은 편지가 국회도서관 헌정자료실의 '사이토 마코토 관계 문서'에 남아 있는데, 그중에는 이광수와 최남선에 관한 내용도 있다. 아베는 조선의 청년들을 후원하며 그들에게 얻은 정보를 사이토에게 전달했던 것이다.

아베가 이광수와 만난 이유는 학비 문제로 고생하는 친구를 도와달라는 부하 직원의 부탁을 받았기 때문이지만, 다른 한편으론 조선의 청년지식층을 《매일신보》의 독자로 끌어들이는

데 힘이 될 만한 인재를 얻기 위한 의도도 있었던 듯하다. 당시 《매일신보》는 독자를 확보하기 위해 구로이와 루이코黑岩淚香(1862~1920)*가 번안한 서양소설과 기쿠치 유호菊池幽芳(1870~1947)**가 쓴 가정소설 등 일본의 대중소설을 번역·번안해 연재하고 있었다. 그런데 오자키 고요尾崎紅葉(1868~1903)***의 《곤지키야사金色夜叉》를 번안한 《장한몽長恨夢》 등은 큰 인기를 끌었지만, 소설은 부녀자나 아이들이 읽는 것이라는 선입견과 조선총독부의 기관지라는 반감 탓에 지식인 독자의 확보에는 어려움을 겪었다. 요컨대 《매일신보》는 청년지식인들의 주목을 끌기 위한 특별 상품을 원했던 것이다.

당시 《매일신보》의 편집국을 담당하고 있던 사람은 나카무라 겐타로中村健太郎였다. 나카무라는 구마모토현 출신이다.

---

* 메이지시대 일본문단에 서양소설, 특히 프랑스 추리소설을 번안, 소개해 대중적인 인기를 끌었다. 1910년대 조중환, 이상협, 민태원 등에 의해 다수 재번안되어 한국의 근대 번안소설계에도 커다란 영향을 미쳤다.
** 메이지시대 대표적인 가정소설 작가. 《오사카마이니치신문大阪每日新聞》에 연재한 《나의 죄가罪》(1899~1900)가 신파극으로 공연되어 인기를 끌었고, 한국에서는 《쌍옥루》(1912~1913)라는 제목으로 번안되어 큰 호응을 얻었다.
*** 메이지시대의 소설가. 1885년(메이지明治 18)에 결성된 일본 근대 최초의 소설 결사 켄유샤硯友社의 일원이다. 대표작 《다정다한多情多恨》(1896)은 성격 묘사와 심리 묘사에 새로운 경지를 개척했다고 평가받으며, 미완의 역작 《곤지키야사》(1897~1902)는 메이지 연간에 최고의 인기를 끌었다.

러일전쟁이 발발하기 전 구마모토현의 유학생으로 조선에 건너온 그는 경부철도京釜鐵道 사원, 재조 일본인이 간행하던 이언어二言語 신문 《한성신보漢城新報》의 기자, 조선총독부 신문 검열계 직원 등으로 일했다. 조선어에 능통하고 조선 사정에도 밝았던 그는 이광수가 청년지식인 사이에서 인기가 많다는 사실을 알고 있었을 것이다. 이후 나카무라는 이광수에게 연락을 취한다.

《매일신보》에 글을 쓴 이유

조선총독부의 기관지에 글을 쓴다는 것은 애국지사라면 눈썹을 찌푸릴 일이었다. 그러나 이광수는 《매일신보》에 글을 썼다. 여기에는 몇 가지 이유가 있었다.

우선 그에게는 자신의 글을 발표할 지면이 없었다. 최남선의 《청춘》은 이광수가 유학하기 직전 정간되었고, 《학지광》은 그가 도쿄에 발을 디딘 뒤 3호 연속 압수되었다. 그는 자신의 글이 읽히기를 바랐다. 공식적인 발행부수가 2만 부를 넘는 《매일신보》에 글을 쓰는 것은 학생을 대상으로 한 《청춘》이나 《학지광》과는 비교되지 않는 많은 수의 일반 독자가 자신의 글을 읽는다는 것을 의미했다. 조선의 청년들에게 압도적인 인기를 얻었던 《청춘》도 발행부수가 2,000부에 지나지 않았다. 글을 통해 조선인을 계몽하고 일본인에게 조선의 사정을 이해시킴으로써 조선을 개선하는 데 기여하고자 했던 이광수에게 《매일신보》는 다시없는 무대였다.

계몽을 통해 민족의 힘을 키우고자 했던 그에게 필요한 것은 무엇보다도 우선 자신의 문장이 사람들에게 읽히는 것이었다. 조선총독부의 기관지에 글을 쓰는 일은 상대의 요구를 들어주면서 상대를 이용하는 줄타기 같은 행위였다. 그러나 그것은 자신의 천재성을 살리고 동시에 조선 민족에게 공헌하는, 오산학교에서는 양립 불가능했던 일을 실현하는 길이기도 했다.

여기에는 청년다운 허영심과 야망도 한몫했을 것이다. 그러나 현실적인 이유도 있었다. 바로 원고료였다. 《매일신보》 기자였던 친구가 이광수를 아베 사장에게 소개한 이유는 경제적인 도움을 청하기 위해서였다. 이 무렵 이광수는 김성수에게 매달 20원을 학비로 받고 있었지만, 이는 중학시절에 지원받았던 관비장학금과 동일한 액수로 인플레이션이 시작된 일본에서는 생활할 수 없는 금액이었다.

하지만 본래 이광수라는 사람은 기본적으로 조선에서 일어나는 변화는 모두 받아들여야 한다는 긍정적 사고의 소유자였다는 사실을 잊어서는 안 된다. 평안도 출신의 가난한 고아였던 그는 자신의 신분이 이만큼 상승할 수 있었던 이유가 조선왕조가 무너지고 양반이 몰락한 대변동의 시대에 태어난 덕분이라는 것을 잘 알고 있었다. 문명은 기본적으로 그의 편이었고, 문명의 이기利器인 신문도 그의 편이 될 것이었다.

자신의 인생에 봄이 왔다는 의미였을까, 아니면 앞으로의 인생이 봄의 정원이 되기를 바랐던 것일까. 이광수는《매일신보》에 글을 쓰기 시작하면서 그동안 사용해온 '물결 위에 떠 있는 고독한 배와 같은 처지'를 뜻하는 '고주孤舟'라는 필명을 '춘원春園'으로 바꾸었다.

춘원春園 이광수

도쿄로 돌아간 이광수는 곧 대학 입학 수속을 밟았다. 와세다대학 문학부 철학과 학적부에는 '도즈카마치戶塚町 156번지 아사이淺井 댁'이라는 주소가 기재되어 있다. 다카다노바바高田馬場 역에서 대학을 향해 와세다길을 몇 분 걷다가 오른쪽 길로 들어서면 왼쪽에서 두 번째 집, 현재 와세다 쇼치쿠早稲田松竹라는 영화관 근처가 당시 그의 하숙집이었다. 이곳에서 이광수는《매일신보》에 발표할 논설을 쓰기 시작했다.

9월 22일 최초의 논설 〈대구에서〉가 《매일신보》에 게재되었다. 이 글에서 이광수는 대구에서 일어나 화제가 된 강도사건을 분석하며 사건의 배경에 조선 중류층 청년들의 불만이 자리하고 있음을 지적하고, 그들의 불만을 해소시키려면 청년들에게 적당한 직업을 주어야 한다고 제언하고 있다. 특히 '고상한 일'은 일본인에게 맡기고 상점의 사무원이나 공장 기술자, 보통학교 교원 등 하급직에 조선인을 채용하기 바란다는 비굴한 의견에 대해서는 한국의 연구자들 사이에서 비판의 목소리가 높다. 그러나 《홍수 이후》에 투고한 〈조선인 교육에 대한 요구〉에서처럼 이광수는 이러한 제언을 통해 조선인의 직업 훈련의 장을 마련한다는 실제적 이익을 추구했을 것이다.

이어서 이광수는 도쿄의 학교, 전람회, 후쿠자와 유키치福澤諭吉의 묘소 등을 찾은 탐방기와 더불어 유학생의 동향, 일본의 가정, 명사名士의 생활 태도 등을 소개한 〈동경잡신東京雜信〉을 연재하며 호평을 얻었다. 나아가 결혼제도와 가정의 개선을 호소하는 〈조선 가정의 개혁〉, 〈조혼의 악습〉, 〈혼인론〉, 허구의 틀을 빌려 농촌개량운동의 필요성을 역설한 서사적 논설 〈농촌계발〉, 조선의 교육 방식을 논한 〈교육가 제씨에게〉, 그리고 최초의 본격적인 근대문학론으로 꼽히는 〈문학이란 하何

오〉 등을 《매일신보》에 잇달아 발표하며 조선에서 일약 유명
인사로 떠올랐다.

욕망의 교육과 〈자녀중심론〉

이 시기 이광수는 단순명쾌한 생존경쟁론에 기반해 유교를
공격했다.

예컨대 〈교육가 제씨에게〉에서 그는 조선이 오늘날처럼 쇠
퇴한 이유는 이용후생利用厚生을 등한시하고 공리공론空理空論
만 가르친 유교 탓이라고 격렬히 지탄하면서, 조선의 쇠퇴와
침체를 타파하려면 '대욕망'을 가진 청년을 길러내야 한다고
'욕망의 교육'을 주장했다.

이 주장은 중학시절 이광수가 탐독했던 기무라 다카타로의
바이런 평전에 나오는 "실로 구미歐米 기독교 국가의 인민은
자신들이 문명하다고 뽐내지만, 그 내부는 당장이라도 파열을
일으킬 듯한 욕망으로 가득 차 있다. 오직 그 욕망이 있어 그것
으로써 강대해진다"는 구절을 떠올리게 한다. '욕망의 교육'은
이광수의 중학시절 사고의 연장선상에서 이해할 수 있다.

아이들이 욕망을 갖고 자라도록 부모는 모든 것을 자녀 중심

으로 생각하고, 자신을 희생해야 한다고 주장한 글이 1918년 3
월《학지광》에 발표된 유명한 논설 〈자녀중심론〉이다.

우리의 자녀로 하여금 우리의 신체와 정신을 온통 그네의 식
료로 삼게 하여야 한다. (중략) 우리의 자녀가 필요로 인정하
거든 우리의 골격을 솥에 끓여 기계를 운전하기에 유용되는
기름으로 만들어도 가피하고, 거미새끼 모양으로 우리를 산
대로 두고 가슴을 욱이어 먹어도 가피하다.

'효孝'가 최고의 도덕으로 간주돼온 조선에서는 부모가 생활
의 중심이었다. 그러나 이광수는 "생물학이 가르치는 대로 인
류의 목적은 개체의 보전과 종족의 발전"에 있으므로 부모가
자식을 양육할 의무는 있어도 자식이 부모를 위해 희생할 의무
는 없다고 주장했다.

눈여겨 보아야 할 것은 '우리의 자녀'라고 쓰면서도 이광수
는 자신을 부모가 아니라 자식의 위치에 두고 있다는 점이다.
같은 논설에 실린 다음 구절을 보아도 이 점은 분명하다.

우리는 선조先祖도 없는 사람, 부모도 없는 사람(어떤 의미로
는)으로 금일今日 금시今時에 천상天上으로서 오토吳土에 강림

한 신종족新種族으로 자처하여야 한다.

민족의 멸망을 막으려면 자기들 세대에서 악순환의 고리를 끊어내야 한다는 위기감 넘치는 이 언급은 명백히 자녀의 입장을 대변하고 있다.

〈우리는 금일 어떻게 아버지가 될 것인가〉

흥미롭게도 이 무렵 루쉰은 이광수의 〈자녀중심론〉과 동일한 내용의 논설을 자녀가 아닌 부모의 입장에서 썼다.

이광수처럼 메이지 말기 일본에서 유학한 루쉰은 센다이 의학전문학교를 그만둘 때 걱정하는 은사 후지노藤野 선생에게 자신은 생물학을 배울 것이라고 말했을 정도로 진화론에 경도되어 있었다. 루쉰이 〈우리는 금일 어떻게 아버지가 될 것인가我們現在怎樣做父親〉라는 논설을 발표한 것은 이광수가 〈자녀중심론〉을 발표한 이듬해인 1919년의 일이다.

이 글에서 루쉰은 민족을 진화시키려면 부모 세대가 자녀 세대의 희생이 되어야 한다고 이광수와 동일한 주장을 펴고 있지만, 논설의 제목이 보여주듯 자신을 부모의 입장에 두었다. 그는 "연장자에게는 온순하게 따르되 아이들을 해방"하고, "옛 장부帳簿를 청산하고 새 길을 개척"하는 것이 "각성한 사람의 역할"이라고 하여 자기희생과 대가 없는 사랑을 부르짖었다.

동일하게 자녀를 중심에 두어야 한다고 호소하면서도 이광수는 자신을 자녀의 입장에 두고, 루쉰은 자신을 부모의 입장에 두었다. 이 차이는 두 사람이 생존경쟁론을 대하는 방식의 차이에서 비롯되었다.

도태되는 약자의 입장에서 도태 그 자체를 거부한 루쉰은 부모인 자신의 희생을 존엄으로 간주했다. 한편 생존경쟁에서 도태되지 않으려면 우리 민족이 힘을 길러야 한다는 이광수의 외침은 타민족의 도태를 전제하고 있다.

이러한 이광수의 사고가 가장 노골적으로 드러난 글이 1917년 1월 《학지광》에 발표한 〈위선 수獸가 되고 연후然後에 인人이 되라〉는 논설이다.

'살아라.' 삶이 동물의 유일한 목적이니 차此 목적을 달하기 위하여는 도덕도 무無하고 시비是非도 무無하니라. 기아飢餓하여 사死에 빈瀕하거든 타인의 것을 약탈함이 어찌 악이리오. 자기가 사死함으로는 녕寧히 타인이 사死함이 정당하니라.

충격적이지만 일본에서는 메이지시대부터 일반적으로 구사돼온 논조다. 예컨대 언론계에서 활약한 유명한 역사가 야마지 아이잔山路愛山(1865~1917)*은 〈나는 어떻게 제국주의의 신자가 되었나余は何故に帝國主義の信者たる乎〉(1903)라는 글에서 다음과 같이 썼다. "나는 인간은 존재의 권리가 있다는 신념을 가진 까닭에 제국주의의 신자가 되었다. …… 제국주의가 아니면 인간은 지상地上에 존재할 수 없기 때문이다."

에도江戶시대 말기 서양에 의해 개항을 강요받고 메이지유신을 단행함으로써 민족 분열과 독립의 위기에서 벗어난 일본은 제국주의시대에 살아남는 길은 스스로 제국주의자가 되는 것밖에 없다고 믿었다. 그리고 청일전쟁, 러일전쟁에 잇달아 승리하며 마침내 제국주의 열강의 대열에 들어섰다. 한편 이 무렵 일본에서 중학시절을 보낸 이광수는 일본이 조국의 국권을 조금씩 강탈하는 모습을 이를 갈며 지켜보았다. 그리고 마침내 조국이 일본에 병합되었을 때, 그는 힘의 논리(제국주의의 논리)가 진리임을 통감하고 조선 민족에게 남은 길은 힘을 기르는

---

* 메이지시기에서 다이쇼 초기에 걸쳐 활동한 역사가이자 평론가. 《고쿠민신문》기자, 《시나노마이니치신문信濃每日新聞》 주필을 지냈고, 1903년 《도쿠리츠평론独立評論》을 창간했다. 1910년 나카무라 다하치로中村太八郎 등과 국가사회당國家社會黨을 결성, 가족국가론에 기초한 사회개량을 주창했다.

것밖에 없다고 생각하게 되었던 것이다.

일본이 앞서 간 길을 좇는 그 길은 루쉰이 말한 '노예가 노예의 주인이 되는' 악순환의 길이었는지도 모른다.

《무정》의 집필—한국 근대 초기 문학작품의 배경

《무정》의 탄생

이광수가 《매일신보》로부터 신년소설을 써달라는 전보를 받은 것은 1916년 겨울방학이 가까워올 무렵이었다. 신문소설을 써보지 않은 젊은이에게 집필을 맡기는 모험을 단행한 이는 나카무라 겐타로였다. 제목을 먼저 보내라는 지시에 따라 '무정無情'이라는 전보를 치고, 이광수는 써두었던 '영채에 관한 원고'를 바탕으로 쉴 새 없이 작업해 전반부 70회분을 연말까지 써 보냈다. 원고는 삽화 없이 현재 신문소설의 약 2회분에 해당하는 분량으로 연재되었다.

한국 근대문학사에서 근대 장편소설의 효시로 평가받는 《무정》은 이렇게 탄생했다. 《무정》은 1917년 1월 1일부터 6월 14

일까지 126회에 걸쳐《매일신보》에 연재되었다.

《무정》집필 무렵의 일을 이광수는 한 일본어 매체에서 이렇게 회상한 바 있다.

당시는 한국이 일본에 병합되고 얼마 지나지 않은 때로 언론 출판의 자유는 조금도 허용되지 않았습니다. 그래서 조선인은 병합 직전 한때 왕성했던 정론政論조차 논할 수 없었고, 입은 굳게 다물고 붓은 깊숙이 감추어 죽음과 같은 침묵이 영원히, 영원히 계속되는 것일까 생각될 정도였습니다.

이런 때를 당하여 들끓는 머릿속의 불평과 결코 입 밖으로 꺼내 말할 수 없는 민족적인 어떤 동경을 문학적 형식을 빌려 표현하고자 한 것은 물론 당연하겠지요(《조선사상통신朝鮮思想通信》, 1929).

병합 후 조선에서는 언론·결사·집회의 자유를 엄격히 제한하는 무단통치武斷統治가 시행되었다. 조선총독부는 병합 전에 간행되고 있던 조선어 신문을 강제로 매수·통합해《매일신보》하나로 정리했지만, 아이러니하게도 그 신문이 무단통치에 대한 '불평'과 민족의 미래에 대한 '동경'을 담은 소설《무정》을 세상에 내놓으며 이광수라는 근대문학의 '스타'를 배출輩出했던 것이다.

앞서 언급한 대로 이광수가 《매일신보》에 글을 쓴 것은 '상대의 요구를 들어주면서 상대를 이용하는 줄타기 같은 행위'였는데, 《매일신보》 입장에서도 이광수에게 지면을 제공한 것은 일종의 줄타기였다. 그것은 항상 대중이 바라는 것을 선취先取해야 하는 매체의 숙명이었다고도 할 수 있다. 어두운 시대를 사는 대중은 자기가 속한 민족의 미래에 희망을 갖기를 간절히 바라기 마련이고, 이광수는 그들이 바라는 '희망'을 갖고 있었던 것이다.

이광수의 첫 장편 《무정》에는 민족의 위기 속에서 싹튼 희망, 과도기의 조선에 존재하는 문제, 그리고 무엇보다도 젊은 조선인 이광수의 개인적인 고뇌가 담겨 있다. 여기에 독자는 각각의 입장에서 반응했고, 이리하여 어두운 시대를 살아가던 사람들과 작가 이광수 사이에 강한 유대가 생겨났던 것이다.

《무정》의 줄거리

《무정》의 줄거리를 간단하게 소개한다.

어려서 고아가 된 주인공 이형식은 타인의 도움으로 도쿄의 중학교를 졸업하고, 경성학교 영어교사로 근무하고 있다. 어느 날 그는 경성에서도 손꼽히는 부호富豪 김장로에게서 곧 미국에 유학할 예정인 외동딸 선형에게 영어를 가르쳐달라는 부탁을 받는다. 이리하여 6월 찌는 듯한 햇볕 아래 형식이 김장로의 집으로 향하는 장면에서 소설은 시작된다.

선형에게 영어를 가르치고 하숙으로 돌아오자 예전에 형식을 돌봐준 은사의 딸 영채가 방문한다. 7년 만의 재회였다. 은사가 옥사獄死한 사실을 알게 된 형식은 흐느껴 울고 은사가 바랐던 대로 그녀와의 결혼을 결심한다. 하지만 그녀가 살아온 이야기를 들으며 마음이 어지럽게 변한다. 그런 형식의 마음을 알아챘던 것일까. 영채는 부친을 위해 몸을 팔아 기생이 되었다는 사실을 털어놓지 못하고 하숙을 뛰쳐나가고 만다.

이튿날 밤 형식은 손님에게 순결을 유린당한 영채의 모습을 목격하게 된다. 형식은 유서를 남기고 평양으로 떠난 영채를 쫓아간다. 하지만 그곳에서 그녀의 자살을 확신하고 수색을 포기한 채 경성으로 돌아온다. 이튿날 기생과 평양에 놀러갔다고 오해하는 학생들에게 비웃음거리가 된 형식은 경성학교를 그만둔다. 그런데 하숙으로 돌아온 형식에게 목사가 찾아와 선형과의 결혼 이야기를 꺼낸다. 실은 김장로가 형식에게 가정교사를 부탁한 이유는 맞선을 보기 위함이었다는 것이다. 그날 밤 형식은 김장로의 집에서 선형과 약혼한다. 한편 영채는 평양행 기차에서 만난 유학생 병욱의 설득에 자살하려던 생각을 접고 병욱이 다니는 도쿄의 음악학교에 함께 유학하기로 한다.

한 달 뒤 도쿄로 향하던 영채와 미국으로 떠나던 형식은 기차 안에서 재회한다. 선형은 영채의 존재를 알고 충격을 받고, 영채는 자신의 상喪도 치르지 않고 미국으로 가는 형식을 보고 슬픔에 빠진다. 그러나 홍수가 나 임시 정차한 삼랑진에서 힘을 모아 자선음악회를 열게 되면서 서로의 마음이 가까워진다. 결국 민족을 위해 일할 것을 맹세하기에 이른 그들은 '문명'을 배우기 위해 각자의 여정에 오른다.

과도기의 조선을 그린 '시대의 그림'

이광수는 소설이란 "어느 시대 어느 방면의 충실한 기록"이라고 했다. 이 말대로 그는 근대소설 《무정》에서 1916년 여름의 조선을 충실하게 그려냈다. 반半서양풍으로 개조해 유리창을 끼운 김장로의 집은 전등이 들어와 밝게 빛나는 반면, 하숙집 노파가 손맛을 자랑하는 된장국에 구더기가 끓는 형식의 하숙집은 램프 빛 아래 어둑어둑하다. 종로의 큰 길에는 노면전

차路面電車가 다니고, 활동사진관에서는 음악대의 반주가 흘러나오며, 번화한 야시장에는 장옷으로 얼굴을 가리고 계집아이에게 등불을 들린 부인이 조용히 걸어간다. 청계천에 늘어선 기생집에는 기생의 이름이 적힌 장명등이 걸려 있는가 하면, 교차점마다 파출소가 있고 역과 열차 안에는 경관과 헌병이 눈을 부라리고 있다. 이러한 정경이 아무렇지도 않은 듯 태연하게 뒤섞여 묘사되어 있는《무정》은 바로 과도기의 조선을 그린 '시대의 그림'이었다.

주인공 형식도 과도기의 청년이다. 작품 초반에 김장로의 집으로 향하는 형식은 여학생에게 영어를 어떻게 가르치면 좋을지 생각하며 이상할 정도로 긴장한다. 지체 있는 집안의 여성은 집 밖으로 나오지 않는 풍습이 오랫동안 계속된 조선에서 젊은 남녀가 숨결이 닿을 정도로 가까이 마주앉는다는 것은 상상도 할 수 없는 일이었다. 난생처음 경험하는 일을 눈앞에 둔 형식의 긴장은 연재 첫 회부터 독자의 시선을 사로잡았을 것이다.

형식이 긴장한 데는 한 가지 더 숨겨진 이유가 있다. 김장로가 외동딸의 개인교사로 자신을 선택한 데 특별한 이유가 있는 것은 아닐까 생각했던 것이다. 김장로의 파격적인 의뢰는 형식에게 어렴풋한 의구심과 기대를 일으켰다. 민족을 생각하는 마음은 남에게 지지 않지만, 부모도 없고 학력도 중학 졸업에 불과한 가난한 자신에게 기회가 온 것은 아닐까 하는—커다란 기대(형식이 의식의 표면에 떠올리는 것조차 부끄러워한 이 기대)가 그러한 긴장에 암시되어 있다. 이런 형식이 안동 김장로의 호화 저택 앞에서 서성거리는 모습도 신분 변동의 한가운데에 놓인 과도기의 조선을 상징하는 한 장면이다.

'영채 이야기'에서 《무정》으로

연재가 시작되자 《무정》은 곧 큰 인기를 얻는다. 그런데 인기의 상당 부분은 《무정》의 근대적인 측면보다 전통적인 측면에 힘입은 바 크다. 부친을 위해 몸을 팔고 형식을 위해 순결을 지키는 영채의 인생은 전승돼오던 민속 예능인 판소리나 옛날 이야기책에서 흔히 접할 수 있는 친밀한 패턴이었다. 형식을 사이에 두고 여학생과 기생이 등장하는, 당시로서는 그것만으로도 충격적인 '삼각관계'에서 독자에게 지지받은 쪽은 신여성을 상징하는 선형이 아니라 기생 영채였다. 《무정》은 사람들에게 영채의 이야기로 받아들여져 '영채 이야기'로 불렸다고 한다. 나중에 영화화된 《무정》(1939)에서도 주인공은 형식이 아니라 영채였다.

이런 현상은 독자가 본래 지니고 있는 보수성에서 온 것이기도 하지만, 원래《무정》이 작가의 과거를 영채에게 의탁해 쓴 소설이었다는 점도 한몫하고 있는 듯하다. 이와 관련하여 이광수는 다음과 같이 회상한 바 있다.

그것은 불쌍한 부모님의 일, 동생들의 일, 나 자신의 기구한 어린 시대의 잊혀지지 않는 정다운 기억을 그려보고 싶은 충동에서 나온 것이라 할 것이다(〈다난한 반생의 도정〉, 1936).

이광수는 이러한 충동을 영채의 편지글 형식으로 써두었다. 바로 그런 까닭에 영채의 슬픔은 그토록 독자의 마음을 끌었던 것이다.《무정》의 집필을 앞두고 이광수는 영채의 편지를 영채가 이야기하는 신세담으로 고치고, 이 신세담에다 형식과 선형의 이야기를 덧붙였다. 즉《무정》은 2중 구조를 가진 소설이었던 것이다.

《무정》의 전반부는 영채의 신세담과 영채의 이야기를 들으며 변화해가는 형식의 마음의 동요를 병행해 묘사하고 있다. 이광수는 당시로서는 매우 새로운 정신분석 지식을 구사해 형식의 마음을 다뤘다. 구도덕의 윤리는 형식에게 영채와의 결혼을 강요하는 것이었지만, 이미 형식은 재산과 교양과 미모를 갖춘 선형에게 끌리고 있었다. 여기서 '갈등'이 일어나고 구도 덕에 반발하는 욕망이 의식 아래 억압되어 형식의 무의식을 간섭하게 된다.

형식은 의식의 표면에서는 영채와의 결혼을 생각하지만 의식의 심층에서는 그녀가 순결하지 않은 기생이기를 바란다. 이러한 잠재적 원망願望은 영채가 하숙을 뛰쳐나갈 때 그녀를 붙드는 것을 주저케 하고, 자살의 우려가 있는 그녀를 기생집에 방치케 하며, 평양경찰서에 보내는 보호 의뢰 전보에 그녀의 나이와 복장에 관한 정보를 깜빡 잊고 적지 못하게 만든다. 형식에게 마치 정신분석학 교과서에 나올 법한 실수를 반복케 하고 있는 것이다.

욕망을 고취하는 소설

평양경찰서에서 영채를 보호하고 있지 않다는 사실을 확인하고 그녀의 죽음을 확신한 형식이 처음 느낀 것은 식욕이었다. 그는 한 기생집에서 맛있는 아침을 대접받고 영채의 동생뻘 되는 어린 기생과 함께 들뜬 마음으로 영채를 찾으러 나선다. 그의 이런 부자연스러운 행동은 은사의 무덤 앞에서 절정에 달한다.

그러나 형식은 그렇게 이 무덤을 보고 슬퍼하지는 아니하였다. 형식은 무슨 일을 보고 슬퍼하기에는 너무 마음이 즐거웠다. 형식은 죽은 자를 생각하고 슬퍼하기보다 산 자를 보고 즐거워함이 옳다 하였다. 형식은 그 무덤 밑에 있는 불쌍한 은인의 썩다가 남은 뼈를 생각하고 슬퍼하기보다 그 썩어지는 살을 먹고 자란 무덤 위의 꽃을 보고 즐거워하리라 하였다.

형식도 마음의 움직임이 평소와 다른 것을 깨닫고 놀라지만, 그 모습을 있는 그대로 받아들인다.

이것이 웬일인가. 은사의 무덤 앞에서 억지로라도 눈물을 흘리려 하였으나 조금도 슬픈 생각이 아니 난다. 사람이 이렇게도 갑자기 변하는가 하고 혼자 빙그레 웃었다.

형식의 마음속에 있던 생각이 마침내 표층까지 흘러나왔던 것이다. 은사의 무덤 앞에서 삶의 기쁨을 추구하는 에고이스틱한 욕망을 드러내며 미소 짓는 형식의 모습은 어떤 의미에서는 아름답고, 어떤 의미에서는 그로테스크하다. 여기에는 인간이란 본래 그런 존재라는 이광수의 인간 인식이 드러나 있다.

은사의 썩은 살을 양분으로 삼는다는 말은 앞서 언급한 〈자녀중심론〉에서 "필요하거든 조선祖先의 분묘도 헐고 부모의 혈육도 우리의 식량을 삼아야 하겠다"는 구절과 겹친다. 부모는 자신을 희생해 자녀들에게 생존경쟁에서 이겨낼 힘을 주어야 한다는 이광수의 주장은 이대로 가면 조선 민족은 열패劣敗해 도태되고 만다는 위기감에 뿌리를 두고 있다. 그 위기감이《무정》에서는 어떻게든 살아남아야 한다는 생존의 욕망에서 살아 있다는 사실에 대한 환희로 전화轉化했던 것이다.

계몽소설《무정》의 작가는 작품 곳곳에서 직접 얼굴을 내밀고 다양한 계몽적 언설을 구사하고 있다. 그런데 그밖에도 이광수는 독자에게 형식의 마음의 움직임을 추체험케 함으로써 그들의 마음에 직접 욕망을 불어넣고자 했다. 오랜 기간 유교의 지배하에 구속되어 있던 민족을 향해 살아남으려면 '대욕망'을 가져야 한다는 논설을 썼던 이광수는 이번에는 문학을 통해 생生을 향한 욕망을 독자의 마음에 심어주려 했던 것이다. 독자의 욕망을 고취하는 소설, 그것이《무정》이었다.

계몽의 이면에 자리한 고향의 아내

당시 이런 정신분석 기법을 알아차린 독자는 없었다. 단편소설의 확립자로서 문학사에서 이광수와 어깨를 나란히 하는 작가 김동인은 1934년 〈춘원연구〉에서 《무정》을 분석하면서, 형식에게 보이는 '성격의 불통일不統一'은 작가의 역량이 부족한 탓이라고 비판하고 있다.

그러나 애초에 이광수는 이 기법이 명료하게 드러나는 것을 바라지 않았을 것이다. 왜냐하면 그는 이 기법을 통해 자신의 욕망을 은밀하게 《무정》에 써넣었기 때문이다. 영채에게서 도망치기 위해 잠재적으로나마 그녀의 죽음을 바란 형식의 '무정'은 작자 자신이 간절히 도망치고 싶어 했던 대상에 대한 '무정'이기도 하다. 은사의 무덤 앞에서 욕망을 드러내며 미소 짓는 아름다운, 그러나 또 한편으로는 그로테스크한 형식의 모습은 사실 이광수 자신의 모습이었던 것이다.

그가 도망치고 싶어 했던 존재는 바로 고향에 있는 아내였다. 이미 언급했듯이 이광수는 아무래도 아내를 사랑할 수 없었다. 도쿄에서 이광수는 허영숙, 나혜석 등 곧이어 언급할 신여성들을 만난다. 연애의 중요성을 깨닫게 된 그는 지나치게 서두른 결혼을 무척 후회했을 것이다. 《무정》 집필 당시에 이혼을 결심했는지는 분명하지 않지만, 이혼을 절실하게 바라고 있었던 것만은 틀림없다. 재혼은 상상도 할 수 없는 구도덕의 세계에 사는 선량한 아내, 그녀를 버리려 하는 자신의 '무정'한 모습을 독자가 알아채지 못할 방식으로 써넣음으로써, 이광수는 자신을 단죄하는 동시에 어떻게든 자기답게 살고 싶다는 욕망을 표명했던 것이다.

어느 시대에나 연애는 중요한 문제지만, 1910년대 도쿄의 조선인 유학생 사이에서는 특히 더욱 그러했다. 젊은 남녀가 인습에 매여 있는 고국에서 떠나와 자유롭게 교제하다 보면 자연스레 연애 감정이 생기게 마련이었으나, 대부분의 남학생에게는 고향에 조혼한 아내가 있었기 때문이다. 연애는 이혼 문제로 직결되었다. 그래서 이광수는 〈조혼의 악습〉, 〈결혼에 대한 관견管見〉 등의 논설을 써서 유교의 풍습에 따라 부모가 일찌감치 배우자를 결정하는 것을 공격했다.

이광수는 자신의 의사로 결혼한 것이었으니 다만 시류에 편승한 것 아니냐고 비난할 수도 있다. 그러나 《무정》과 동시에 발표한 희곡 〈규한閨恨〉에서 그는 유학 중인 남편에게 버림받고 미쳐버리는 아내의 모습을 묘사함으로써 일방적으로 이혼을 강요하는 남편의 자의적인 태도를 고발하고 있다. 아내와 이혼하기를 바라면서도 그의 마음은 동요하고 있었던 것이다.

1915년 여름 재유학차 도쿄에 간 이광수는 곧 연애 감정을 경험했다. 상대는 조선 최초의 여성 서양화가 나혜석羅蕙錫 (1896~1948)이었다. 이광수의 감정은 나혜석의 오빠에게 알려졌고, 결국 기혼이라는 이유로 격렬한 반대에 부딪혀 좌절되고 만다. 그는 기혼자의 비애를 통감했을 것이다. 이후 그의 소설에는 종종 기혼자의 연애 모티프가 등장하고, 나혜석의 모습이 어른거린다. 덧붙이자면 《무정》에서 영채의 자살을 만류한 도쿄 유학생 김병욱도 나혜석이 모델이었을 것이다.

나혜석—한국 페미니즘의 선구자

이광수가 연애 감정을 가진 나혜석은 특이한 여성이었다. 여기서 잠시 나혜석에 대해 언급해두고자 한다. 그녀는 당시 지식인 여성이 처했던 상황을 단적으로 보여주기 때문이다.

2년 전인 1913년 일본 유학을 시작한 나혜석은 여성해방 사상가 히라츠카 라이초平塚らいてう(1886~1971)*가 창간한 여성 계

---

* 페미니스트 사상가. 1911년 일본 최초의 여성현대문학 동인지인 《세이토青鞜》를 창간하고 여성의 권리 획득을 위해 활발하게 활동했다.

몽잡지 《세이토青鞜》를 읽고 감명을 받는다. 이후 그녀는 논설, 소설, 시 등을 쓰며 조선 여성 또한 새로운 생활방식을 가져야 한다고 주장했다. 그러나 시대를 너무 앞질러 태어난 탓에 그녀의 만년晩年은 불행했다.

1896년 수원의 부유한 관료 집안에서 태어난 나혜석은 여자도 배워야 한다고 생각한 오빠 덕분에 17세에 도쿄 혼고本鄕 기쿠자카菊坂의 여자미술학교에 입학했다. 활발하고 재능이 넘쳤던 그녀는 유학생계의 마돈나였다. 게이오의숙에서 유학하고 있던 시인 최승구崔承九와 서로 사랑했는데, 연인은 결핵으로 일찍 죽고 만다. 나혜석이 이광수와 만난 것은 이 무렵이었다.

1918년 귀국 후에는 3·1운동에 참가해 투옥되었다. 이듬해 외교관과 결혼한 그녀가 신혼여행으로 남편과 함께 요절한 옛 연인의 무덤을 찾은 것은 화제에 오르기도 했다. 그 후 주부작가로서 서양화 개인전을 여는 등 화려한 삶을 살지만, 남편과의 유럽 여행 당시 파리에서 조선의 유명 인사 최린崔麟(1878~

나혜석
1910년대에 그녀는 도쿄 유학생계의 마돈나였다. 1918년 《여자계女子界》에 단편 〈경희〉를 발표했다. 여성 유학생의 새로운 생활방식을 묘사하고 있는 〈경희〉는 한국 여성문학의 고전으로 꼽힌다.

1958)과 불륜을 저지른 사실이 발각되어 재산도 제대로 분배받지 못한 채 이혼당하고서부터 인생이 꼬이기 시작했다.

남녀의 완전한 평등을 주장해 온 나혜석은 사회에 도전이라도 하듯 이혼의 전말에 대한 글을 써서 잡지에 발표하고 불륜 상대인 최린을 고소했다. 그러나 세상의 외면을 받은 것은 물론 친정에서도 버림받았고, 결국 빈곤과 병에 시달리다가 길에 쓰러져 행려병자로 죽음을 맞았다.

나혜석의 기구한 삶은 유교가 일본보다 훨씬 깊게 뿌리내린 조선 사회에서 여성이 받는 억압과 여성 앞에 놓인 견고한 벽을 깨뜨리고자 한 여성에게 사회가 가한 제재의 혹독함을 엿볼 수 있게 한다. 조선 최초의 여성 작가 김명순金明淳(1896~1951) 역시 비참한 말년을 보냈다.

1910년대 일본에서 유학한 나혜석은 자신은 '여성이기 전에 인간'이라고 선언하며 조선의 봉건사회에 도전장을 내밀었다. 현실과 타협할 줄 몰랐던 솔직함이 비극을 초래했다고 할 수 있다. 해방 후 나혜석은 세간에서 잊혀졌지만, 1990년대에 연구자들에게 재'발견'되어 재조명되기 시작했다. 전집도 간행되었고 지금은 고향 수원에 동상이 세워져 있다.

허영숙과 결핵

다시 이광수 이야기로 돌아오자. 이광수는《무정》의 전반부를 쓰던 무렵 허영숙許英肅(1897~1975)과 만났고, 1921년에 그녀와 재혼했다.

허영숙은 나혜석과는 다른 의미에서 특이한 여성이었다. 그녀는 문자 그대로 이광수에게 생명을 주었다. 그것은 그 시대에 맹위를 떨치던 결핵이라는 병과 관련이 있다.

결핵이 근대적인 병이라 불리는 이유는 근대의 기계문명에서 초래된 공장노동이 이 병을 널리 퍼뜨렸기 때문이다. 일본에서도 메이지시기에 들어서면서 환자가 급격히 증가했다. 이광수가 일본에서 유학하고 있던 1918년에는 결핵 사망자가 14만 명을 넘어서며 절정에 달했다.

이광수는 1916년 가을부터 엄청난 분량의 원고를 썼다. 이렇게 무리하고 있던 그에게 결핵이 발병한 것은《무정》을 쓰기 시작한 무렵이었던 듯하다.

《무정》을 쓰던 당시 이광수는 학비는커녕 식비 낼 돈도 부족한 상황이었다.

그때에 나는 배고파서 정신을 잃은 적도 한두 번이 아니었고, 교과서를 못 사는 것은 둘째로 당장 교과서를 바치지 못해서 학교에도 못 가던 때가 빈번하였을 그 시기였습니다(〈나의 최초의 저서〉, 1932).

앞서 언급했던 나혜석의 연인도 이해 초 결핵으로 사망했다. 결핵 치료법이라고는 해변이나 고산지로 전지요양을 떠나는 것, 고기·달걀·우유 등 영양가 높은 음식을 섭취하는 것 정도밖에 없던 당시에 결핵을 앓는 유학생의 생사生死를 가른 것은 보살펴주는 사람이 있는지의 여부였다. 나혜석은 연인이 죽은 뒤 그때 자신이 공부를 그만두고 그를 간호했더라면 좋았을 것이라고 비통한 마음을 토로한 바 있다. 당시 이광수에게는 의지할 사람이 없었다. 그러다가 1917년 초 도쿄여자의학전문학교(현재 도쿄여자의과대학)에 다니는 허영숙과 만나게 되었던 것이다.

허영숙은 한성의 부유한 상인 집안에서 막내딸로 태어났다. 세 명의 언니는 조혼했지만, 그녀만큼은 신교육을 받고 유학해 1914년 도쿄여자의학전문학교에 입학했다. 이광수와 만났을 때 그녀는 대학 3학년생으로 이제 막 스무 살을 넘긴 참이었다.

그녀의 회상에 따르면, 처음 만났을 때 이광수는 이미 결핵에 걸려 있었다고 한다. 그가 폐병에는 무슨 약이 좋으냐고 물은 것이 두 사람이 나눈 최초의 대화였다. 그녀는 보살펴줄 사람이 없으면 이 사람은 곧 죽을 것이라고 생각했다. 며칠 후 허영숙은 이광수의 하숙집으로 크레오소트creosote(당시 결핵에 효과가 있다고 간주된 약)를 가져다주었고, 그 후에도 학교의 은사에게 진찰받게 하는 등 할 수 있는 데까지 그를 보살폈다. 당시 허영숙은 가와다초河田町에 있는 도쿄여자의전 기숙사에 살고 있었는데, 그곳에서 이광수의 하숙까지는 걸어서 갈 수 있는 거리였던 듯하다.

　허영숙은 왜 이광수에게 도움의 손길을 내밀었던 것일까. "춘원은 그 생긴 위인이 장래에 무슨 보람을 우리 사회에 기필코 남겨놓을 것만 같"았기 때문이라고 그녀는 회상했다. 당시 조선에서 온 유학생들은 매우 강렬한 민족의식을 갖고 있었고, 누구나 민족을 위해 무언가 공헌하고자 했다. 문필가로서의 이광수를 존경했던 허영숙은 그를 보살펴주어 사회에 보탬이 될 일을 하도록 돕는 것이 민족에 봉사하는 길이라고 생각했을 것이다.

허영숙
한성의 부유한 직물상織物商의 막내딸로 태어난 허영숙은 도쿄여자의학전문학교에 유학할 당시 이광수와 만난다. 조선 최초의 여성 개업의開業醫이기도 하다. 사진은 1915년 무렵의 모습이다.

의학생인 허영숙은 결핵이 죽음에 이르는 병이 아니라 의사의 지시에 잘 따르면 극복할 수 있는 병이라는 신념을 갖고 있었다. 그녀의 이러한 신념과 극진한 간호 덕분에 이광수는 이후 사경을 헤매는 위기를 몇 번이나 넘기게 된다.

《무정》 속의 허영숙

처음에 허영숙은 자신의 마음이 남녀 간의 연애 감정과는 무관하다고 생각했던 듯하다. 이광수는 그녀의 호의를 어떻게 받아들이면 좋을지 망설였을 것이다. 그런 그들의 모습은 《무정》의 후반부 형식과 선형의 어색한 관계에서 엿볼 수 있다.

약혼식을 올린 뒤 형식과 선형 사이에는 미묘한 분위기가 떠돈다. 선형은 형식과의 약혼은 부친이 결정한 일이기 때문에 거스를 수 없다고 생각한다. 한편 선형에게 끌리고 있던 형식은 그녀가 자신의 의사로 결혼해주기를 바라며 사랑을 고백한다. 그러나 선형은 남녀 간의 사랑을 이해하지 못한다. 그녀가 자신을 동정하고 있을 뿐일지도 모른다고 생각해 괴로워하던 형식은 결국 설령 동정일지라도 좋으니 그녀가 자신과 함께 있어주기를 바라게 된다.

선형에게는 형식과 약혼하라는 부친의 말이 지상명령이었듯, 허영숙도 이광수를 간병하는 것이 민족에 대한 의무라고 생각했을 것이다. 허영숙의 자존심은 처자가 있는 남성에 대한 연애 감정을 부정했고, 이광수는 젊은 여성에게 도움을 받는 것이 자존심 상했을 것이다. 이런 자존심의 갈등이《무정》후반부에서 형식과 선형의 심리적 갈등으로 나타나고 있는 것이다.

그러나 갈등은 대단원에서 모두 융화되고, 등장인물들은 한마음이 되어 조선의 미래를 위해 배움을 얻고자 각각의 여정에 오른다. 1917년 6월 14일《무정》의 마지막 회에서 작자는 4년 후 유학을 마치고 돌아오는 그들의 희망에 찬 근황을 이야기한다. 그리고 과거 조선의 '무정'한 세계를 떠나보내자고 부르짖으며 소설을 끝맺는다.

《무정》의 밝은 분위기는 죽음의 심연에서 소생한 이광수가 미래에 품었던 신뢰와 민족의 장래에 대한 희망이 중첩되는 지점에서 생겨났다.

허영숙의 간병 덕분에 이광수는 봄이 될 무렵 건강을 되찾았다.《매일신보》의 원고료도 올랐다. 미래에 대해 자신감을 가진 그는 아내와의 관계를 청산하기로 결심했을 것이다. 개인의 행복과 민족의 행복을 동시에 추구하고자 한 이광수의 낙천성과 적극성은 이렇게 작품의 결말을 밝게 비추고, 어두운 시대에 놓여 있던 당시의 독자들에게 희망을 주었던 것이다.

《무정》은 연재 이듬해인 1918년에 최남선의 신문관에서 단행본으로 간행되었다. 이광수의 첫 저서였다.

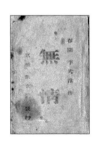

《무정》 재판본(1920)
이광수의 첫 저서로, 1918년 신문관에서 초판이 발행되었다.
국립중앙도서관 소장.

이언어 연재와 사랑의 도피

두 개의 언어로 쓴 기행문 〈오도답파여행〉

《무정》의 연재를 마칠 무렵 나카무라 겐타로에게서 편지가
왔다. 여름방학에 조선의 남도를 여행하고 기행문을 써달라는
청탁이었다. 이광수의 논설과 소설의 연재로 독자들의 호응을
얻는 데 성공한 《매일신보》가 이번에는 그에게 오도답파 기행
문을 맡긴 것이다.

이전부터 조선인들에게 향토에 관한 지식이 없음을 통감하
고 있던 이광수는 각 지역의 역사·생산물·명소·인구 등을 소
개하는 기행문 연재를 기꺼이 받아들였다. 그런데 건강이 문제
였다. 그는 허영숙의 도움으로 그녀의 은사에게 진찰을 받고
여행해도 괜찮다는 허락을 얻는다. 이광수가 도쿄를 출발한 것

은 1917년 6월 중순의 일이다.

오도답파 출발을 앞두고 같은 경성일보사의 일본어 신문 《경성일보》에도 기행문의 게재가 결정되어 〈오도답파여행〉은 한 사람의 필자가 두 개의 신문에 두 개의 언어로 연재한다는 획기적인 기획이 되었다. 《경성일보》에 조선인의 문장이 실리는 것은 처음 있는 일이었다. 조선어판의 연재 1회분 분량은 《무정》의 절반 정도 곧 400자 원고지 3장 남짓이었고, 일본어판은 조선어 원고의 3분의 2정도 되었다.

오도답파 길에 오른 이광수는 6월 26일 성대한 환송을 받으며 경성을 출발했다. 마침 같은 열차에 마츠이 스마코松井須磨子(1886~1919)*와 시마무라 호게츠島村抱月(1871~1918)**의 게이주츠좌藝術座 일행이 탑승해 있어 이광수는 시마무라 호게츠에게 인터뷰를 청했다. 순회공연을 마치고 일본에 돌아간 호게츠는 《와세다문학早稻田文學》에 수필 〈조선 소식朝鮮だより〉을 기고했는데, 그 글에서 조선에는 시도 소설도 없다고 한탄하며 "조

---

* 일본의 신극 배우. 1913년 시마무라 호게츠가 설립한 게이주츠좌의 배우이자 톨스토이 원작 《부활》의 카츄샤 역을 맡아 인기 여배우의 자리에 올랐다. 시마무라의 내연녀이기도 했다.

** 일본의 문예평론가이자 소설가, 극작가, 연출가. 메이지시대 자연주의 문학운동의 기수로서 와세다대학 문학부 교수를 지냈고, 1913년 게이주츠좌를 설립하고 신극운동에 뛰어들어 신극의 대중화에도 크게 기여했다.

선인의 손으로 된 참된 문학을 보고 싶다"고 썼다. 실은 이제 막 조선 최초의 근대 장편소설 연재를 마친 이광수를 만났지만, 이듬해 사망한 호게츠는 끝내 이 사실을 알지 못했다.

6월 말 '오도답파 여행기자 이광수'의 이름으로 《매일신보》와 《경성일보》에 〈오도답파여행〉 연재가 시작되었다. 이때 《경성일보》 편집국에서는 이광수의 조선어 원고 첫 5회분을 기초로 일본어 기사를 작성하여(번역은 아니다) 지면에 게재했다. 아마도 나카무라 겐타로가 썼을 것이다. 6회부터는 이광수가 일본어로 연재를 이어갔다. 이광수의 문장은 5회까지보다 훌륭했다.

이 일본어 기행문에서 이광수는 조선총독부의 '신정新政'이 성공을 거둔 것을 칭찬하는 한편, 조선 농촌에 만연한 빈궁과 기아, 지주의 착취, 조선 상인과 일본 상인 사이의 불화를 지적하고 있다. 또한 조선인의 예술적 능력을 산업에 결부시킬 것을 제언하기도 했다. 이광수는 일본인 독자에게 조선인의 눈으로 본 조선의 실정을 알리고 개선을 호소했던 것이다.

이광수가 쓴 일본어 기행문과 조선어 기행문을 비교해보면 한쪽의 언어를 다른 한쪽의 언어로 번역한 것이 아니라 처음부터 각각의 언어로 쓴 것을 알 수 있다. 여행지에서 만난 사람이 일본인인지 조선인인지에 따라 내용을 바꾸고, 명소와 유적에 관한 기술도 독자의 지식수준에 맞추었다. 예를 들면 임진왜란 당시 이순신이 일본 수군을 격파한 것으로 유명한 한산도閑山島를 방문했을 때 조선어판에는 설명이 불필요한 까닭에 "한산도 구경을 갔다"고만 적고, 일본어판에는 "한산도로 향했습니다. 명장 이순신의 공적을 말해주는 제승당制勝堂을 보기 위함입니다"라고 일본인에게 필요한 정보를 언급하고 있다.

비유를 사용할 때도 마찬가지였다. 예컨대 전라북도 이리 지역의 무한한 가능성을 언급하면서 일본어로는 "아직 눈도 코도 생기지 않은 핏덩어리라고 할 수 있을까, 날로 커갈 뿐 형태도 일정치 않은 괴물"이라고 표현했는데, 핏덩어리 태아라는 비유가 조선의 정서에 맞지 않았던 탓인지 조선어로는 "장차 그림을 그릴 양으로 여기저기 회구繪具를 찍어 바른 듯하여 아직 일정한 형상도 없는 두루뭉술"이라고 이제부터 그려질 그림에 비유했다.

목포에서 이질에 걸려 입원한 이광수는 이후 체력을 유지하기 위해 일부 원고를 제외하곤 조선어판만 집필했다. 그리고 남해의 경치 좋은 명소와 경주 같은 옛 유적에 관해서는 이광수가 일본어로 써서《경성일보》에 싣고, 이를 신문사의 조선인 기자 심우섭이 조선어로 번역해《매일신보》에 게재하는 방법을 취했다. 번역 연재분은 번역체 문장이었지만, 그럼에도 불구하고 평판이 좋았다.

조선어로 쓸 경우에는 조선인 독자를, 일본어로 쓸 경우에는 일본인 독자를 염두에 두고 그에 부합하는 문장을 쓰는 입장stance 변경의 기술은, 식민지 말기 이광수가 이언어二言語 창작을 시작할 때 누구를 대상으로 썼는가라는 문제로 이어진다. 이에 대해서는 제6장 '대일협력시절'에서 다시 다루기로 한다.

9월에 들어서 8월 18일의 경주 기사를 마지막으로 〈오도답파여행〉 연재는 끝이 났다. 2개월이 넘는 기간 동안 일본어판 총 35회, 조선어판 총 54회가 연재되었다. 조선어판 〈오도답파여행〉의 명문장은 사람들의 기억에 오래 남아 잡지에 재수록되기도 했지만, 단행본은 좀처럼 간행되지 않았다.《매일신보》기자 심우섭이 번역한 부분을 수정한 단행본이 간행된 것은 그로부터 22년 뒤인 1939년의 일이다. 그러나 이광수는 이때도 병 때문에 작업을 할 수 없었다. 그래서 친구 최정희崔貞熙의 도움을 얻어 원고의 문체를 통일하고 여기에 '반도강산半島江山'이라는 제목을 붙여 단행본으로 간행했다.

〈오도답파여행〉을 통해 문명文名을 떨치고 조선 각지의 사정에 밝아지게 되면서 이광수는 저명인사를 비롯해 조선총독부 고위직 인사들과도 알게 되었다. 당시 25세로 와세다대학 문학부 학생이었던 그의 사회적 지위가 현격히 높아졌던 것이다.

부산에서는 아베 미츠이에와 함께 고쿠민신문사 사장이자 경성일보사 감독인 도쿠토미 소호를 만나 아침식사를 함께하기도 했는데, 이들과의 관계는 이후로도 오랫동안 계속된다.

사랑의 도피, 베이징으로

1918년 7월 허영숙이 도쿄여자의학전문학교를 졸업했다. 아직 학업이 1년 더 남은 이광수는 허영숙에게 일본에 1년 더 머물러줄 것을 애원했지만, 가을에 조선총독부의 의사 면허시험을 앞두고 있던 그녀는 거절하고 귀국길에 오른다. 8월 말 이광수는 도카이도선東海道線 열차로 누마즈沼津까지 그녀를 전송했다.

결혼 적령기가 지난 딸이 혼담에 귀를 기울이지 않아 걱정하던 차에 이광수와 딸의 관계를 알게 된 허영숙의 모친은 두 사람의 교제를 격렬히 반대했다. 상대가 문필로 이름이 높다고는 하나 재산도 문벌도 없는 학생이고, 나혜석과도 염문을 뿌린 기혼남이라는 이야기를 들었으니 당연한 일이었다.

이광수는 중개인을 통해 고향에 있는 아내에게 정식 이혼을 요청하여 3년간 생활비를 건네는 조건으로 승낙을 얻어내지만, 허영숙의 모친은 계속해서 둘의 만남을 반대했다.

결혼은 3년 후에 하자는 허영숙의 편지를 받고 불안해진 이광수는 그녀에게 편지를 써 '중국행'을 제안한다. 그러나 학생 신분으로는 경제적으로도 여의치 않고, 여권도 문제였다. 이광수가 곧 주저하는 기미를 보이자 이번에는 허영숙이 적극적으로 나섰다. 결국 두 사람은 10월 허영숙이 의사 면허시험에 합격한 뒤 베이징으로 향했다.

요시찰 대상 갑호甲號였던 이광수에게는 항상 미행이 따랐다. 조선에서는 조선총독부가 미행을 붙였고, 중국에서는 베이징의 일본영사관이 업무를 인계받아 그의 행적을 상세히 기록했다. 그 기록에 의하면, 이광수는 10월 30일 밤 고향 정주의 고읍 역에서 경의선 열차에 오른 뒤 31일 펑톈奉天에 도착한다. 그곳에서 아베 미츠이에가 베이징의 일본영사관 앞으로 써준 소개장을 이용해 여권을 마련하고 《경성일보》 기자 신분으로 펑톈의 호텔에서 일주일 간 체류한다. 아마 여행 경비도 원고료 선지급 등의 형태로 아베의 도움을 받았을 것이다. 이곳에서 허영숙과 합류한 듯 11월 8일 오전 함께 베이징에 도착한 두 사람은 도쿠토미 소호가 경영하던 고쿠민신문사 통신원의 도움으로 잠시 일본인의 집에 함께 머물다가, 27일부터는 중국인의 집을 빌려 기거했다.

이때 이광수가 베이징에 머문 기간은 1개월 남짓이었다. 제1차 세계대전이 끝나 국제 정세가 격변했기 때문이었다. 이광수가 이런 절묘한 시기에 중국에 간 이유는 해외와의 연락을 위해서였다고 보는 연구자도 있다. 그러나 이광수를 미행한 정보원은 조선총독부 앞으로 보낸 보고서에서 이광수에게 의심스러운 행동은 보이지 않으며, 그가 베이징에 온 것은 '이른바 사랑의 도피'로 '취급 대상으로 간주하기 어려운 사항'인 듯하다는 의견을 내놓고 있다.

독립운동에의 참여
─2·8독립선언서 집필 후 상하이 임시정부로

2·8독립선언서

1918년 11월 11일 제1차 세계대전이 끝났다. 바로 전해에 러시아혁명이 일어났고, 1918년 1월에는 미국 대통령 윌슨이 민족자결주의를 포함하는 14개조 원칙을 발표해 반半식민지 상태였던 중국과 조선을 비롯한 식민지인들 사이에서 세계가 새로운 틀로 재편될 것이라는 기대가 높아졌다.

1919년 1월부터 파리에서 강화회의가 열리게 되고 중국에서도 대표를 파리로 보내자 이광수는 조선을 경유해 도쿄에 돌아온다. 이때 집을 빌려 허영숙을 베이징에 남겨둔 것은 미행을 피하기 위한 것이 아니었을까 생각된다. 그녀는 훗날까지 두고 두고 당시의 일을 원망했다고 한다.

경성에서 친구와 만나 민족자결에 기초한 행동을 일으킬 것을 의논한 이광수는 도쿄로 돌아가 유학생 동료들에게 해외의 동향을 전했다. 그리고 1919년 1월 11인의 이름을 내걸고 '조선청년독립단'을 결성하는 한편 손수 〈독립선언서〉를 기초했다. 선언서는 2월 8일 낭독되었기 때문에 2·8독립선언서라고 불린다(부록 참조).

이광수는 이 선언서에 그때까지 간직해온 불만과 주장을 모두 담았다. 러일전쟁 후 일본이 '사기'와 '폭력'으로 조선의 국권을 빼앗은 일, 병합 후 무단정치를 강요해 조선인에게 열등한 교육을 시행하고 국가생활에 필요한 지능과 경험을 얻을 수 있는 기회를 원천봉쇄한 일, 또 조선에 무제한적으로 일본인을 이주케 하여 조선인을 해외에 떠돌게 한 일 등을 격렬히 비난하고, 일본이 독립의 요구에 응하지 않으면 "일본에 대하여 영원히 혈전血戰을 선宣"할 것이라고 썼다.

선언서는 조선어판, 일본어판, 영어판으로 작성되었다. 이광수는 자신이 영문으로 번역한 선언서를 가지고 9년 만에 모교인 메이지학원을 찾아가 은사인 랜디스 선생에게 원고 검토를 부탁했다. 은사는 기꺼이 원고를 교정해주며 이광수에게 "애국운동은 성공도 실패도 없는 것"이라는 말을 건넸다고 한다.

1919년 2월 8일 오후 2시, 간다 오가와마치小川町의 조선기독교청년회관에서 집회가 열렸다. 학우회원 선거라는 명목 아래 도쿄에 있던 유학생 300명이 모인 단상에서는 독립선언서가 낭독되었지만, 이광수는 집회장에 모습을 드러내지 않았다. 회원이 모두 체포되어 유학생들의 독립선언이 세상에 알려지지 않게 될 것을 우려한 다른 대표들이 선전 임무를 맡겨 그를 상하이로 보냈던 것이다. 실제로 이 사건으로 인해 선언문의 대표자 10명은 체포되었다.

열흘 후인 2월 18일, 이광수는 학비 미납 탓에 와세다대학에서 제적되었다. 그의 제2차 유학시절은 이렇게 막을 내렸다.

3·1독립운동

1919년 2월 초 상하이에 도착한 이광수는 항구에서 우연히 친구 장덕수張德秀(1894~1947)와 만났다. 이광수는 일본으로 떠나던 길인 그에게 갖고 있던 돈을 전부 주었다. 그리고 그를 전송하러 나온 동료의 집에서 신세를 지면서 여운형呂運亨(1886~1947) 등 정치 청년들이 결성한 신한청년당新韓靑年黨 활동에 가담했다. 이 무렵 그들은 파리 강화회의에 김규식金奎植을 대표로 파견하는 한편, 상하이에 임시정부를 세우기 위해 조선, 시베리아, 일본 등 각지로 동료들을 보내고 있었다.

조선에서 3월 3일에 독립운동을 일으킨다는 소식과 더불어 최남선이 기초한 독립선언서가 전해진 것은 2월 20일경의 일이다(원래 3·1운동은 고종의 인산일因山日인 3일로 예정되어 있었다). 청년당원들은 치아페이루霞飛路에 사무소를 빌려 타이프라이터를 갖추고 그날을 기다렸다. 드디어 3월 5일경, 3월 1일에 경성에서 독립운동이 일어났다는 소식이 신문에 보도되었다. 이광수와 동료들은 곧 해외동포 단체에 이 사실을 알리고, 미국 대통령과 영국·프랑스 수상에게 전 조선인이 조선의 독립을 선언하며 봉기했다는 장문의 영문 전보를 보냈다. 700원가량의 터무니없는 요금을 지불하고 전보국을 나왔을 때는 "참으로 딴 세상 같았다"고, 훗날의 이광수는 당시의 감격을 그렇게 회고했다.

곧 국경을 넘어 조선의 소식이 전해져 왔다. 옷 속이나 구두 속에 숨겨온 것으로 보이는 꼬깃꼬깃한 종이에 잔글씨로 적힌 내용은 어디서 몇천 명이 만세를 불렀고, 어디서 몇십 명이 일본 경찰과 군대에 의해 살해되었는지에 관한 정보였다. 이광수의 임무는 이런 정보를 중국어와 영어로 기사화해 신문사와 통신사에 제공하는 것이었다.

영국과 미국의 신문사가 확실한 정보와 정확한 수치를 요구하며 조선의 독립운동을 기사화하지 않자 신한청년당은 영자 신문《차이나 프레스*China Press*》의 기자를 섭외해 조선으로 들여보냈다. 3주 뒤에 돌아온 기자는 당시 세브란스 의학전문학교에서 강의하던 캐나다 선교사 프랭크 윌리엄 스코필드Frank William Schofield(1889~1970)*에게서 다양한 정보와 사진을 입수해서 돌아왔다. 이리하여 일본군이 만세 시위에 가담한 마을 사람들을 교회에 가두고 불을 질러 학살한 수원 제암리堤岩里 사건 등의 학살사건이 알려지게 되었다.

이윽고 신한청년당의 소환에 응해 해외에 있던 독립운동 지도자들이 상하이에 모였다. 4월 11일 신한청년당이 이날을 위해 준비해둔 프랑스 조계 김신부로金神父路의 서양 주택에서 대한민국 임시정부 수립이 선언되었다. 국무총리에 이승만李承晚, 내무총장에 안창호가 둘 다 부재중에 선출되었다.

이광수는 신한청년당을 떠나 임시정부 기관지인《독립신문獨立新聞》창간 준비에 들어갔다. 역할을 마친 신한청년당은 1922년 해체되었다.

---

* 캐나다의 감리교 선교사이자 수의학자, 세균학자. 1916년 가을 조선에 온 뒤 세브란스 의학전문학교에서 세균학과 위생학을 강의했고, 3·1운동 당시에는 만세 시위와 그에 대한 탄압의 참상을 해외에 널리 알리는 데 기여했다.

안창호와 흥사단

임시정부의 내무총장에 선출된 안창호는 5월 말 상하이에 도착하자마자 여행의 피로로 홍십자紅十字병원에 입원했다. 이 광수는 자신과 인연이 깊은 안창호를 곧 만나러 갔다.

10년도 더 전인 1907년 안창호가 망명처 미국에서 조선으로 돌아오는 길에 일본에 들렀을 때, 당시 중학 편입을 준비하고 있던 이광수는 그의 연설을 들은 일이 있다. 그 후 안창호는 조선에 돌아와 신민회를 조직하는 한편 평양에 대성학교를 세웠고, 이광수는 그곳에서 안창호의 연설을 듣고 감동한 이승훈이 정주에 세운 오산학교에 교사로 초빙되었다. 그러나 이광수가 오산학교에 부임했을 때 안창호는 중국 망명 준비 중이었다. 그리고 바로 지금 상하이에서 이광수는 드디어 안창호와 만나게 된 것이다.

임시정부에 들어온 안창호는 우선 임시정부의 난립을 피하기 위해 내각 개조를 단행했다. 주요 멤버를 상하이에 소집해 이승만을 대통령, 이동휘를 국무총리에 선출하고 자신은 국무총리 대리를 맡았다. 또한 치아페이루의 사무실에 다니며 장기적인 독립 계획이 담긴 〈독립운동방략方略〉을 작성하는 한편, 임시사료편찬회를 만들어 민족운동사 자료를 편집하고, 임시정부 기관지《독립신문》을 창간했다.

　이광수는 안창호를 도와〈독립운동방략〉을 작성했고, 사료 편찬회의 주임을 맡아 독립운동사를 정리했다. 그리고《독립신문》의 사장으로서 신문 간행에도 힘썼다. 이 무렵 도쿄 제일고등학교를 중퇴하고 상하이로 급히 달려온 주요한朱耀翰(1900~1979)이《독립신문》간행에 함께 참여했다.

　안창호는 1913년 샌프란시스코에서 '흥사단興士團'이라는 단체를 설립했다. '무실역행務實力行'을 중심으로 각 개인이 덕德을 기르고 전문지식을 습득해 자립하는 것을 지향한 이 수양 단체는 각 개인이 힘을 키우면 민족의 실력이 커져 결국 독립을 달성할 수 있다는 실력양성주의(준비론)의 사고방식에 기초해 있었다. 안창호는 설령 요행으로 독립하더라도 실력이 없으면 독립을 유지할 수 없다고 생각했다.

　당시 안창호는 이 사상을 동포들에게 확산시킬 목적으로 중국에 흥사단 원동遠東위원부를 만들어 모범이 될 만한 집단 수

임시정부 기관의 하나로 설치된 임시사료 편찬회의 위원들(1919)
앞줄 중앙이 이광수, 뒷줄 중앙이 안창호

이광수가 사장을 맡아 간행한《독립신문》
1919년 8월 21일자.

양시설을 건설할 계획을 갖고 있었다. 안창호의 사상에 공명한 이광수는 원동위원부 제1호 단원으로 홍사단에 입단한다.

안창호는 명연설가로 유명했지만 문장은 서툴러서 자신의 생각을 이광수에게 이야기해 대필시키는 일이 많았다. 이광수가 안창호의 사상을 글로 옮기고 전기傳記를 집필한 까닭에 두 사람의 사고방식은 유사해 보인다. 그러나 상하이에서 그들과 친하게 지내고 홍사단에도 입단했던 김산金山(1905~1938, 님 웨일스가 《아리랑》에서 일대기를 기록하고 있는 혁명가)*은 안창호가 자유주의적이고 민족주의적인 지도자로서 공산주의 이론과 전략에도 관심을 갖고 프롤레타리아의 혁명적인 역할을 인정한 반면, 이광수는 프롤레타리아 세력의 확장에 반대하는 "비장한 희생적 정신과 가부장적 정신으로 충만해 있는" 톨스토이주의자였다고 회상하고 있다. 김산의 눈에 안창호는 정치가인 반면, 이광수는 어디까지나 문학자였다.

---

* 사회주의 혁명가이자 항일독립투사. 본명은 장지학張志鶴 또는 장지락張志樂. 만주, 일본, 베이징, 광둥 등을 누비며 독립운동을 전개하다가 1938년 일제의 스파이라는 누명을 쓰고 중국 당국에 의해 처형당했다.

귀국—명망보다 실질을

1920년 후반이 되자 3·1운동의 열기도 가라앉기 시작했다. 해외에서 보내오던 돈이 줄어 경비가 부족해진 탓에 임시사료 편찬회는 해산되고 《독립신문》도 발행횟수를 줄이게 되었다. 그러나 임시정부 안에서는 주전론자主戰論者와 비전론자非戰論者가 대립하는 한편, 사회주의 사조까지 유입되어 내부 다툼이 계속되었다.

이런 사태에 실망한 망명 청년들은 중국에서 학업에 뛰어들거나 구미로 유학을 떠났다. 주요한도 이 무렵 상하이에 있는 후장滬江대학에 입학했다. 이광수도 다시 공부하고 싶었지만, 학비를 마련할 길이 없었다. 이 무렵 생활이 곤란해 영국인 상점에 면접을 보러 갔다가 옷깃 칼라가 더럽다고 거절당한 일도 있었다고 한다. 건강도 악화되었다.

이광수는 해외가 아닌 조선에서 흥사단 활동을 전개하자는 생각을 갖게 되었다. 인격수양 단체는 정치성을 띠어서는 안 된다는 것이 안창호의 방침이었으니, 본국에서 합법적으로 행할 수도 있을 터였다. 간디가 인도 영토 내에서 합법적으로 불복종운동을 벌이고 있듯이 그도 조선에 돌아가 합법적으로 민족의 힘을 기르는 데 기여하고 싶었다. 이광수는 이것이 자신이 할 수 있는 독립운동이라고 생각했다.

　3·1운동 후 조선총독에 임명된 사이토 마코토는 무단통치에서 문화통치로 통치의 방침을 전환하고 언론·출판·집회에 대한 단속을 완화했다. 이에 당시 조선에서는《동아일보》와《조선일보》양대 신문 외에도 다양한 잡지가 출판되고 있었다. 또한 사이토 총독은 해외 망명자의 귀순을 촉구하기 위해 귀국해도 엄벌에 처하지 않겠다는 방침을 밝히기도 했다. 이러한 상황을 지켜보면서 이광수는 조선에서도 합법적인 운동이 가능하리라 판단했다. 안창호는 '귀국'은 일본에 투항하는 것이며 민족운동가로서의 명망名望을 잃으면 민중이 따르지 않을 것이라고 반대했지만, 이광수는 명망보다 실질을 취해야 한다고 생각했다. '실질을 취한다'는 사고방식은《매일신보》집필 당시의 사고방식이기도 했다.

　1921년 2월 경성에 돌아가 있던 허영숙이 돌연 상하이에 모습을 드러냈다. 조선총독부가 파견한 의료진찰단의 일원으로 베이징에 갔던 그녀는 상하이에서 이광수와 함께 살 작정으로 혼자 빠져나왔던 것이다. 그러나 경찰의 '여행 허가'를 받아 공식 여권을 갖고 있었던 까닭에 그녀의 상하이행은 조선총독부의 양해를 얻어 이광수를 데려 가기 위한 것으로 간주되어 임시정부 요원들 사이에 험악한 공기가 떠돌았다. 이광수는 자신도 곧 조선에 돌아갈 것이라 말하고 그녀를 먼저 돌려보냈다.

이광수가 조선으로 향한 것은 3월의 일이다. 국경을 넘자마자 이동경찰에게 체포된 그는 일단 신의주에 유치留置되지만, 경성의 경찰국에서 보낸 전보 덕분에 석방되고 경성에 돌아온 후에도 불기소되었다. 이 때문에 신문에는 이광수가 귀순했다는 기사가 실렸고, 도쿄에서는 유학생들이 이광수를 성토하는 연설회가 열렸다.

이광수가 불기소 처분을 받은 이유는 귀순자에 대한 사이토 총독의 관대한 방침은 물론이거니와, 거기에 더하여 허영숙이 이광수가 귀국할 것이라는 사실을 경찰에 미리 알려 모종의 양해가 성립된 덕분이 아닐까 추측된다. 사이토 마코토의 조언자로서 이 무렵 사이토의 호출을 받고 조선에 와 있던 아베 미츠이에는 이광수에게 상하이의 상황에 대해 들은 사실을 토대로 사이토에게 여러 가지 조언을 하고 있다.

한편 이광수는 아베와 사이토 라인을 이용해 조선에서 합법적으로 흥사단 활동을 벌이겠다고 생각했다. 세간에서 변절자로 취급받는 것은 이미 각오한 일이었다.

V

수양동우회와
두 개의 신문사

(1920~1930년대)

〈민족개조론〉에 대한 비판

칩거 ―〈감사와 사죄〉

1921년 경성에 돌아온 이광수는 허영숙과 결혼하고 서대문 그녀의 집에서 칩거했다. 세간에서 비난받고 있던 그를 찾아준 것은 김성수, 송진우, 홍명희 등이었다. 이해 여름 그는 집에 처박혀 〈감사와 사죄〉라는 수필을 쓴다.

"모처럼의 '휴가'니 무엇을 하나 쓰시라. 평론은 남의 시비를 듣기 쉬운 것이니 소설, 그것도 제 일을 쓰면 반발을 일으키기 쉬우니 저를 재료로 아니 하는 것이 좋다." '지배인'인 아내가 이러한 제한을 두었다고, 이광수는 약간 당혹한 기색으로 쓰기 시작한다. 허영숙과 이광수 사이에서 난 둘째 딸 이정화 李廷華 씨는 모친은 부친이 쓰는 글에 언제나 이런저런 주문을 했다고 술회하고 있는데, 이런 습관이 생긴 것은 아마도 이 무렵부터였던 듯하다. 그러나 이광수는 아내의 제안을 무시하고 소설이 아닌 수필, 그것도 자신의 일을 썼다. 나이 서른을 앞두고 자신이 지금까지 신神과 타인에게 받아온 은혜에 감사하고 그 은혜에 아직 보답하지 못한 것을 사죄하며 자신의 정신적 편력에 대해 써내려갔던 것이다.

방향 없이 헤매던 그 자신에게 신이 보내준 첫 번째 사자使者는 'T선생'(안창호의 호인 도산의 머리글자)이었다. 'T선생'은 그가 갇혀 있던 '감옥'의 문을 열어주었다. 감옥 밖으로 나온 그는 타인의 행복을 위해 승려와 같은 생활을 했지만, 거기에는 삶을 향한 용솟음치는 기쁨이 없었다. 그러자 신은 두 번째 사자를 보내주었다. 그것은 5년 전에 처음 만나 그 자신을 간호해준 아내였다. 이제야말로 신은 그 자신이 머무를 '방'을 마련해주었던 것이다.

이 수필에는 자신을 돌봐준 아내에 대한 솔직한 감사의 표현이 잘 드러나 있다. 불행한 유년시절을 보낸 이광수는 보살핌을 구하는 마음이 간절했다. 중학시절에 쓴 한 논설에서는 국가란 생존에 필요하므로 중요한 것이라며 자기를 중심에 둔 애국주의를 주장했고, 《무정》에서도 민족의 행복과 개인의 행복을 둘 다 추구했다. 상하이에서 돌아오자마자 쓴 〈감사와 사죄〉에는 당시 그의 심경이 진솔하게 표현되어 있다. 이 수필은 이듬해인 1922년 5월 문학잡지《백조白潮》에 발표되었다.

〈민족개조론〉과 수양동우회

1922년 5월 이광수는 천도교단에서 운영하던 잡지《개벽開闢》에 〈민족개조론〉을 발표했다. 서두의 변언辯言에서 "이 글의 내용인 민족개조의 사상과 계획은 재외동포 중에서 발생한 것으로서 내 것과 일치하여 마침내 나의 일생의 목적을 이루게 된 것"이라고 적고 있듯이, 이 글은 흥사단사상을 서술한 것이었다. 그런데 이것이 독자들에게 이광수의 생각으로 받아들여져 커다란 반발을 빚었고, 급기야《개벽》을 간행하던 잡지사가 습격당하는 소동까지 벌어졌다. 조선이 쇠퇴한 이유를 타락한 민족성 탓으로 돌린 것이 사람들의 민족적 자존심에 상처를 주었던 것이다.

그러면 이광수는 조선 민족을 어떻게 개조하고자 했는가. 그는 개조주의의 내용을 8개 항목으로 정리하고 있다.

(1) 거짓말하지 않는다. (2) 공론空論을 버리고 실행한다. (3) 신의信義를 지킨다. (4) 작정한 일은 어려움을 무릅쓰고 나가는

용기를 갖는다. (5) 사私보다 공公을 중시한다. (6) 전문 기술을 갖춘다. (7) 경제적으로 독립한다. (8) 위생과 건강에 유의한다.

이광수는 이렇게 개조한 뒤에야 비로소 조선인이 "건전한 제국주의자도 될 수 있고, 민주주의자도 될 수 있고, 노동주의자 및 자본주의자도 될 수 있다"고 쓰고 있다. 그러나 그렇다면 당연히 '건전한 황국신민皇國臣民'도 될 수 있을 터였다. 실제로 이 위험성은 20년 후 표면화된다.

개조에 필요한 수양단체를 설립하기 위해 이광수는 사이토 마코토 총독에게 직접 양해를 얻고자 했다. 사이토는 다양한 계층의 조선 사람들의 의견에 귀를 기울였던 총독이었다. 그는 이광수와 적어도 두 차례는 만났다. 맨처음 남산 기슭에 자리한 왜성대倭城臺 조선총독부 청사로 불려가 응접실에서 사이토와 독대했던 이광수는 당시 그에게서 '당신의 일은 아베 미츠이에에게 듣고 있다'는 말을 들었다고 한다.

사이토 마코토 관계 문서에는 이광수가 사이토에게 제출한 수양단체 규약의 원안原案이 남아 있다. 정치성을 띠지 않은 단체라는 이미지를 주기 위해서였을까. 이광수는 규약 말미에 이 단체는 (근면절조에 의한 식산殖産을 주장했던 니노미야 손토쿠二宮

尊德(1787~1856)*의) 보덕종報德宗과 같다는 말을 덧붙이고 있다. 결국 수양단체의 설립은 허가되어 1922년 2월에는 합법적으로 수양동맹회修養同盟會가 발족했다.

동아일보사 취직

이 무렵 이광수는 발표할 길이 막막한 상태에서 단편 〈가실嘉實〉을 썼다. 〈가실〉은 《삼국사기三國史記》〈열전列傳〉에 나오는 신라인 가실이라는 남자의 이야기다. 고구려와 3년간 싸우다 포로가 되어 노예로 팔린 가실은 지식과 기술을 활용해 성실하게 일하여 주인영감에게 신뢰를 얻는다. 3년 후 가실은 자신을 사위로 맞고 싶어하는 주인영감에게 고국에 자신을 기다리는 연인이 있다는 사실을 밝히고 허락을 얻어 고국으로 떠난다.

전장戰場에서는 용감하게 싸웠고, 노예가 된 뒤로는 열심히 일해 주인집 재산을 늘리고 항상 청결을 유지했으며, 종국에는

---

* 에도시대 말기의 농정가農政家. 사회에 공헌하면 행위자 자신에게 이익이 돌아간다는 보덕사상報德思想에 의거해 위정자의 인정仁政과 민중의 근로가 서로 조화를 이루는 농촌부흥사상을 주도했다. 이후 메이지에서 다이쇼, 쇼와시기에 이르기까지 농촌부흥운동에 지대한 영향을 미쳤다.

기약없는 연인과의 약속을 지키기 위해 신라로 돌아가는 가실은 바로 〈민족개조론〉에서 제시한 개조주의의 여덟 조건을 모두 체현하고 있는 인물이다. 이광수는 〈가실〉이 무척 마음에 들었던 듯하다. 훗날 몇 번이나 단편집과 잡지에 재수록했고, 1940년 일본에서 번역단편집을 낼 때는 이 작품을 단편집의 제목으로 삼기도 했다.

〈가실〉은 1923년 2월 《동아일보》에 연재되었지만, 〈민족개조론〉에 대한 반발이 아직 여전했던 까닭에 'Y생'이라는 익명으로 발표되었다. 동아일보사 창립자인 김성수와 그의 절친한 친구이자 사장이었던 송진우는 항상 이광수 편이었는데, 신문사의 전략상으로도 이광수 같은 작가는 확보해두고 싶었을 것이다. 이해 5월 이광수는 동아일보사에 입사해 가까스로 생활의 안정을 찾게 된다.

〈민족적 경륜〉

이광수가 1924년 1월 《동아일보》의 신년 사설로 쓴 〈민족적 경륜〉은 〈민족개조론〉에 버금가는 반발을 일으켰다.

합법적인 범위에서 결사結社를 만들어 정치운동·산업운동·

교육운동에 힘쓰자는 주장은 김성수와 송진우의 의견을 대변하는 것이기도 했지만, 식민지 지배를 용인하는 개량주의라 하여 맹공격을 받았던 것이다. 결국《동아일보》불매운동까지 일어나 이광수는 할 수 없이 이달 일시적으로 동아일보사를 사직했다.

이 사건을 계기로 민족주의자들은 합법적인 운동을 통해 자치自治를 지향하는 민족주의 우파(타협파)와 식민지 지배를 절대 용인하지 않는 민족주의 좌파(비타협파)로 나뉘었다. 그리고 민족주의 좌파는 사회주의 세력과 연합해 1927년 민족통일전선 '신간회新幹會'를 창립했다. 이 무렵 사회주의 세력의 핵심 멤버였던 홍명희는 신간회 창립에 즈음해 주도적인 역할을 담당했고, 창립 후에도 총무간사로서 신간회 운영에 힘썼다.

수양동우회에서 동우회로

상하이에서 이광수와 함께《독립신문》을 발행했던 주요한이 중국 후장대학을 졸업하고 조선으로 돌아온것은 1925년의 일이다. 아마도 안창호의 지시를 받고 귀국했을 것이다. 곧 흥사단의 흐름을 잇는 평양의 '동우구락부同友俱樂部'와 경성에서 이광수가 설립한 '수양동맹회'를 통합시키는 교섭이 시작되었다. 이듬해 두 개의 단체는 '수양동우회修養同友會'로 통합되고 기관지《동광東光》을 발간하기에 이른다.

1920년대 후반 조선에서는 사회주의 세력이 대두해 대중운동이 활발해졌다. 그 물결은 1927년 신간회 창립과 1929년 원산의 동맹파업, 그리고 같은 해 전라도 광주에서 조선인과 일본인 학생 간의 충돌이 발단이 돼 일어난 광주학생운동으로 절정에 달했다.

수양을 목적으로 하는 단체 수양동우회는 정치성을 띠지 않는 것을 방침으로 삼았지만, 개별 회원의 정치활동은 제한하지 않았다. 따라서 주요한을 비롯한 몇몇 회원은 신간회에도 가입했는데, 이들을 중심으로 '수양' 따위를 목표로 해선 회會의 발전을 기대할 수 없으니 수양동우회의 성격을 좀 더 전투적으로 조정해야 한다는 의견이 거세진다.

결국 1927년 초 수양동우회 발전 방책을 검토하는 '진흥방침 연구위원회'가 설치되어, 이광수도 위원이 된다. 이때 이광수는 탄압을 우려해 과격한 개혁을 반대했다고 훗날 주요한은 술회한 바 있다. 그런데 후술하겠지만 1920년대 후반에 이광수는 계속 큰 병을 앓고 있었다. 이때도 결핵이 재발해 중병 상태였고, 2년 남짓은 회의 활동에도 관여하지 못했다.

이 무렵 주요한 등을 중심으로 상하이에 있던 안창호와의 협의하에 수양동우회의 성격을 좀 더 전투적으로 바꾸기 위한 규약 개정 작업이 진행되었다. 안창호 또한 본국에서 사회운동이 고조되는 것을 보고 동우회의 성격을 바꿀 때라고 판단했을 것이다. 그는 1929년 2월 미국에 있는 단원들에게 편지를 보내 홍사단은 단순한 수양단체가 아니라 조국의 독립을 목적으로 투사를 양성하는 '혁명적 훈련단체'임을 명시했다. 이 편지는 나중에 일본 경찰의 손에 넘어가 뒤에 언급할 동우회사건 재판에서 증거로 제출되어 회원들을 불리한 입장에 몰아넣게 된다.

1929년 7월 오랜만에 이광수의 집에서 수양동우회 회의가 열렸다. 이 회의에서 회원들은 회會의 명칭과 규약 변경에 관한 안건을 서면투표로 결정하기로 합의했다. 그리고 2개월 후의 개표 결과 회의 명칭은 '동우회同友會'로 변경되었다. 회會의 목적을 '신조선 건설'에 두는 규약 변경안도 찬성 32표, 반대 30표라는 근소한 차이로 통과했지만, 탄압의 우려 때문에 이듬해 4월 다시 '신문화 건설'로 변경되었다.

이광수는 회의 방침 변경에 대한 의견을 남기지 않았다. 그러나 인격 수양을 통해 각 개인의 자립이 종국에 민족의 독립으로 이어지는 점진적이고 비정치적인 운동을 염두에 두고 있던 이광수는 '수양'이라는 글자를 제외하는 것에 반대했을 것이다. '의결안에 복종한다'는 동우회 규약에 따라 결정 사항을 수행하는 데 최선을 다하면서도 그는 자신의 글에서는 '수양 동우회'라는 명칭을 계속 사용하고 있다.

투병하의 집필활동—민족애의 고조

높이 평가받은 몇몇 연재소설

1924년 1월 논설 〈민족적 경륜〉이 물의를 빚어 이광수는 일시적으로 동아일보사를 그만두어야 했지만, 그해 11월부터 연재되기 시작한 《재생》은 독자들에게 열광적인 지지를 받았다.

《재생》은 3·1운동에 참가한 연인이 감옥에 있는 동안 향락적인 생활에 빠지는 미모의 여학생과 그녀에 대한 사랑과 민족에 대한 봉사 사이에서 고민하는 지식인 청년을 중심으로 3·1운동 좌절 후 문화통치가 초래한, 화려하지만 경박한 사회에서 방황하는 젊은이들의 모습을 그린 근대소설이다.

유행의 첨단을 걷던 여학생이 부호의 첩이 되고, 연인에게 버림받은 청년이 부자가 되어 보이겠다는 결심 끝에 미곡 취급

상점의 지배인 자리에 오르는 등 《재생》의 스토리에는 오자키 고요尾崎紅葉의 《곤지키야샤金色夜叉》가 차용되어 독자의 마음을 사로잡는 재미가 있었다. 이광수는 이런 대중소설의 틀 안에 민족의식을 함양하는 요소를 담뿍 담아냈다.

이광수의 신문소설에는 항상 통속적이라는 평가가 따라다녔는데, 이에 대해 그는 1931년 《동광》에 발표한 〈여余의 작가적 태도〉에서 자신의 소설은 흥미 본위가 아니며 '민족애의 고조高潮'를 위한 것이라고 반론하면서 다음과 같이 주장했다.

> 내가 소설을 쓰는 구경究竟의 동기는 내가 신문기자가 되는 구경의 동기, 교사가 되는 구경의 동기, 내가 하는 모든 작위作爲의 구경의 동기와 일치하는 것이니, 그것은 곧 '조선과 조선 민족을 위하는 봉사—의무의 이행'이다. 이것뿐이요, 또 이밖에 아무것도 없다.

이광수 소설의 주인공은 항상 타오르는 민족의식의 소유자다. 1941년 동우회사건의 최종 진술을 맡은 검사가 민족주의 관련 범죄자로 간주되는 청년의 7, 80퍼센트가 이광수의 소설을 읽고 민족주의에 '감염'되었다고 자백한 사실을 언급하며 이광수를 힐난하기도 했을 정도로 그의 대중소설은 막대한 영향력을 갖고 있었다.

1926년 《재생》의 뒤를 이어 연재하기 시작한 《마의태자麻衣太子》는 신라와 후백제의 멸망을 그린 역사소설인데, 역시 인기를 끌었다. 이광수는 중학시절 최남선과 이야기를 나누다가 조선의 역사를 소설화해 5부작으로 쓸 계획을 세웠다고 한다. 기원전 단군에서 이야기를 시작할 예정이었으나 10세기 신라 말부터 쓰게 된 셈이라고, 그는 훗날 잡지 《삼천리三千里》에서 회상하고 있다. 확실히 이후 그가 계속 써나간 역사소설을 읽노라면 조선 역사의 흐름을 대강은 가늠할 수 있는 짜임새가 느껴진다.

이해에 이광수는 《동아일보》의 편집국장이 된다. 실질적으로는 신문소설 연재를 위한 자리였다. 곧이어 병이 잦은 이광수를 간병하기 위해 의사를 그만둔 허영숙이 이광수의 연락담당으로 《동아일보》에 입사했다. 《동아일보》 제1호 여성기자였다.

《마의태자》 이후 《단종애사端宗哀史》가 1928년 11월부터 연재되어 낙양의 지가를 올리며 호평받았다.

《단종애사》는 세종의 손자로 태어나 숙부에게 왕위를 빼앗기고 죽임을 당한 어린 왕 단종의 비극을 그린 역사소설이다. 무력한 단종이 힘 센 숙부에게 권력을 빼앗기고 결국 죽음으로 내몰리는 모습에 눈물을 흘리면서 독자들은 20년 전 일본에 국권을 빼앗겼던 자신들의 역사를 추체험했을 것이다.

우연이지만《단종애사》의 연재가 시작된 11월, 경쟁지《조선일보》에서는 중학시절의 친구 홍명희의 역사소설《임꺽정》이 연재되기 시작했다. 피차별 계층인 백정白丁을 주인공으로 삼은《임꺽정》은 주로 역사 속 위인이나 영웅의 이야기를 다룬 이광수의 역사소설과는 전혀 경향을 달리했다. 그러나《임꺽정》역시 커다란 인기를 얻어 작자의 투옥과 병으로 인해 중단을 거듭하면서도 10년 이상 연재를 이어갔다.

결핵과의 싸움

독자들을 열광시키는 작품을 잇달아 내놓으면서 이광수는 지병인 결핵과 싸우고 있었다. 앞서 언급했듯이 이 때문에 그는 잠시 수양동우회 활동을 그만두기도 했다.《재생》을 연재하던 1925년 척수 카리에스caries 탓에 옆쪽 늑골을 절개하는 수술을 받은 후 그에게는 해마다 큰 병이 찾아왔다.《마의태자》연재를 시작할 무렵에는 폐결핵으로 입원했다. 그리고 이듬해인 1927년에는 병이 재발하여 사경을 헤맨 끝에 편집국장을 일시 사임하고 황해도 신천信川의 연등사燃燈寺에서 요양했다.

이해 허영숙과의 사이에서 첫 아들 봉근鳳根이 태어났다. 11월 어느 날, 뜻밖에 허영숙이 생후 5개월 된 봉근을 데리고 연등사에 왔다. 이튿날 집으로 돌아가는 아내와 아이를 전송하고 나니 온화하던 날씨가 일변해 하늘이 검은 구름으로 뒤덮였다. 천지가 진동하는 듯한 바람 소리를 들으며 어두운 방 안에서 몇 번이나 각혈하던 이광수는 이대로 죽을지도 모른다는 생각에 종이와 펜을 꺼내 들고 온 힘을 다해 〈우리 아기 날〉이라는 시를 쓴다.

어젯날 좋은 날 우리 아기 날
나무리 구십 리 일점풍 없네
오늘 밤 수리재 눈보라 치나
우리 아기 한양에 편안히 쉬네

이광수의 가족(1929)
왼쪽부터 전처와의 사이에서 태어난 장남 진근震根, 이광수와 허영숙 사이에서 태어난 차남 봉근鳳根, 허영숙, 삼남 영근榮根.

이듬해 여름 일단 병에서 회복한 그는 연말부터 《단종애사》를 연재하기 시작했다. 그러나 그 이듬해인 1929년 5월 이번에는 신장 결핵이 발병해 연재를 쉬고 왼쪽 신장을 절제하는 대수술을 받았고, 수술 후에도 폐렴으로 고생했다. 앞서 언급했듯이 이광수의 집에서 오랜만에 수양동우회 회의가 열린 것은 이 무렵의 일이다. 연말이 되어 그가 가까스로 《단종애사》의 연재를 마치고 제정신을 차렸을 때는 1920년대가 저물고 있었다.

1926년 조선 최초의 대학인 경성제국대학이 개설되었을 때, 와세다대학을 중퇴했던 이광수는 향학열에 타올라 법문학부 영문과 선과選科 1회생으로 등록해 강의를 들었다. 나중에 작가가 되는 유진오俞鎭午(1906~1987)와 책상을 나란히 하고 공부했다고 한다. 그러나 휴학을 거듭하던 중 1930년 1월 학칙에 의해 제적되고 말았다. 이광수의 1920년대 후반은 병과 싸우면서 집필하는 날들의 연속이었던 것이다.

연등사에서 쓴 〈우리 아기 날〉은 친구 안기영安基永(1900~1980)이 곡을 붙이고 레코드로 녹음되어 시중에 판매되었다. 1932년 정월 보름 무렵 완전히 건강을 회복한 이광수는 이 레코드를 사가지고 집에 돌아와 가족과 함께 들었다. 노래를 들으며 이광수와 허영숙은 하염없이 눈물을 흘렸다고 한다. 정말이지 이광수의 건강은 온 가족이 쟁취해낸 것이었다.

브나로드 운동과 안창호의 체포

인민 속으로―문맹퇴치운동

1930년대는 1929년 뉴욕에서 시작된 대공황 속에서 막을 열었다. 일본은 그때까지 획득한 대륙의 이권을 확고히 하려고 1931년 만주사변을 일으키고 이듬해에는 이 지역에 일본의 괴뢰정권인 만주국을 세웠다. 그러나 중국의 항일의식이 점점 고조되면서 일본은 점차 전쟁의 수렁으로 빠져들게 된다.

이 무렵 조선에서는 1920년대 후반 왕성했던 사회운동이 탄압을 받아 급속히 퇴조한다. 1927년 발족한 신간회는 1929년 광주학생운동 당시 학생들을 지원하려다 사전에 검거되었다. 이때 홍명희는 수감되는 바람에 《임꺽정》의 연재를 중단해야 했고, 주요한은 함께 체포되었다가 불기소 처분을 받고 풀려났다. 이후 신간회는 혼란을 거듭하다가 1931년 5월 총회를 열어 해산하고 만다.

1925년에 결성되어 이광수를 부르주아 문사라 칭하며 타도 대상으로 삼았던 사회주의 문학자 단체 '조선프롤레타리아 예술가동맹KAPF'도 1931년과 1934년 두 차례 검거되어 1935년에 해산되었다.

이러한 흐름과 대조적으로 동우회의 활동은 1931년부터 활발해진다. 이 무렵 동우회는 《동아일보》가 학생들에게 대대적으로 호소하며 시작한 '브나로드 운동(인민 속으로)'에 참여하는 방식으로 농촌계몽운동에 나섰던 것이다.

19세기 러시아의 계몽운동에서 이름을 따온 브나로드 운동은 여름방학에 학생들이 농촌에 가서 농민들에게 한글을 가르치는 문맹퇴치운동이었다. 1934년까지 4회 시행되었던 이 운동은 총 5,700명을 동원해 10만 명에게 한글을 가르치는 성과를 거뒀다. 조선총독부의 1930년도 정세 조사에 따르면 당시 한글을 읽고 쓸 줄 아는 조선인은 인구의 약 15퍼센트에 불과했는데, 그 비율은 농촌이 도시보다 훨씬 낮았다.

당시 동아일보사는 이광수가 편집국장, 주요한이 편집국장 대리를 맡고 있었다. 게다가 한글교본 제작에는 동우회 회원인 언어학자 김윤경金允經과 이윤재李允宰(1943년 조선어학회사건으로 옥사(獄死)가 중요한 역할을 담당하고 있었으니, 이 운동은 오히려 동우회가 중심이었다고 할 수 있다.

그러나 브나로드 운동은 문화운동으로서의 한계를 갖고 있었다. 애초에 동우회는 협동조합에 의한 농촌사회의 조직화까지 염두에 두고 농촌생활의 향상을 꾀했던 듯하다. 그러나 조선총독부의 간섭으로 한글 강습회 금지 및 중단이 잇따르면서 중앙의 책임자는 정치운동으로 보이는 행동을 취하지 않도록 참가자들에게 주의시키는 데 급급했다. 당국이 정하는 합법과 비합법의 구분을 따라야 하는 합법운동의 한계가 드러났던 것이다. 이리하여 브나로드 운동의 불꽃은 점차 사그라든다.

그러나 브나로드 운동은 한국의 근대문학에 두 개의 명작을 남겼다. 하나는 도시생활을 버리고 이상촌을 만들기 위해 농촌에 뛰어드는 젊은 변호사 허숭이 등장하는 이광수의 장편 《흙》으로, 1932년 《동아일보》에 연재되었다. 다른 하나는 브나로드 운동에 헌신하는 젊은 연인의 이야기를 다룬 심훈(沈熏)(1901~1936)의 《상록수》로, 《동아일보》 창간 15주년 기념 현상모집에 당선되어 1935년부터 그 이듬해까지 《동아일보》에 연재되었다. 영화계에서도 배우이자 감독으로 이름이 알려져 있던 심훈은 《상록수》를 영화화하려 했으나 그 뜻을 이루지 못한 채 1936년 35세의 젊은 나이에 병으로 사망했다.

안창호의 체포와 귀국

《흙》의 연재가 시작된 1932년 4월, 상하이 훙커우虹口公園(현재 루쉰공원)에서 일어난 윤봉길尹奉吉(1908~1932)의 폭탄투척사건에 관여했다는 혐의로 안창호가 체포되었다. 안창호는 조선에 이송되어 징역 4년을 선고받았다. 동우회의 실질적인 지도자였던 안창호의 체포와 귀국은 회원들에게 커다란 충격을 주었고 회원들의 동향에도 영향을 끼쳤다.

이듬해 이광수는 돌연 동아일보사를 사임하고 경쟁지인 조선일보사 부사장에 취임했다. 이 사실에 많은 사람이 놀랐다. 이 일의 경위에 대해 이광수는 별다른 언급이 없었지만, 안창호의 처우 문제 때문이었을 것이라는 소문이 돌았다.

당시 주요한은 동아일보사를 그만두고 동료들과 함께 재정 곤란에 빠진 조선일보사를 사들였다. 그런데 그도 자금 사정이 여의치 않아 같은 평안도 출신의 금광업자金鑛業者 방응모方應謨(1884~1950)를 후원자로 끌어들인 까닭에 조선일보사는 흡사 평안도 출신들의 아성牙城과 다름없게 되었다.

지방의식이 강한 시대였다. 안창호는 거듭 부정했지만 세간은 계속 그를 평안도의 중심인물로 간주했고, 이광수가 동아일보사에서 조선일보사로 옮긴 이유도 안창호를 사장에 앉히기 위해서라고 추측했던 것이다.

　사실 이광수가 은인인 김성수와 송진우를 떠나 경쟁지로 옮길 만한 특별한 이유가 없는 이상 그럴 가능성은 충분했다. 그러나 방응모에게는 조선일보사 사장 자리를 양보할 생각은 물론 지방적 파벌을 고수할 생각도 없다는 사실이 곧 분명해졌다. 이어서 방응모와 관계가 틀어진 주요한이 조선일보사를 그만뒀다. 조선일보사에 남은 이광수의 마음은 편치 않았을 것이다.

절망감─아들의 죽음과 민족운동의 좌절

아들의 죽음

이광수가 조선일보사로 옮긴 이듬해인 1934년 2월, 허영숙과의 사이에서 태어난 첫 아들 봉근이 패혈증으로 갑자기 죽었다. 여덟 살의 어린 나이였다. 유치원에서 놀다가 친구에게 걷어차인 상처가 원인이 되어 며칠 뒤 죽었다고 한다. 아들의 죽음은 이광수와 허영숙 두 사람의 인생을 바꿔놓을 정도로 충격이 컸다.

이광수는 《조선일보》에 《유정有情》을 연재하며 이전과 마찬가지로 인기를 얻었다. 그러나 사장 방응모와는 사이가 좋지 않아서 거취 문제로 고민하고 있었다. 그 무렵 아들이 갑자기 죽었던 것이다. 정신적으로 큰 충격을 받은 그는 이제 막 연재하기 시작한 소설을 내팽개치고 금강산으로 들어갔다. 조선일 보사에는 우편으로 사표를 제출했다. 잡지《삼천리》1934년 7 월호에는 〈춘원 출가出家 방랑기〉라는 자극적인 제목으로 이광 수의 실종 소식이 실렸다.

나중에 이광수는 1934년을 "내 어린것이 불행하게도 세상을 떠난 것이나 내가 평생을 바쳐보려던 사업이 모두 실패에 돌아 간"(〈육장기鬻庄記〉, 1939) 해였다고 회고했다. 브나로드 운동의 열기도 잦아들었다. 이광수는 자신이 애써왔던 민족운동의 한 계를 뼈저리게 느꼈던 것이다.

만주사변 후 조선의 분위기는 급변했다. 여기에 1933년 일 본이 국제연맹까지 탈퇴*하자 이러한 일본의 태도를 지켜본 조 선인 사이에는 일본은 결코 조선을 손아귀에서 내놓지 않을 것 이라는 절망감이 확산되었다.

조선총독부는 민족주의자의 농촌운동을 탄압하는 한편 관官 주도의 농촌진흥운동을 추진했고, 조선 공업화 정책도 일정한 성과를 거두었다. 중산층이 기반이었던 동우회 회원 가운데는

---

* 1931년 9월 만주사변을 일으킨 일본은 이듬해 3월 동북3성 전역을 점령하여 일 본의 괴뢰정권인 만주국을 세운다. 국제연맹은 1933년 2월 리튼 보고서를 채택하 여 일본의 철병撤兵을 요구했으나 일본은 이를 거부하고 국제연맹을 탈퇴했다.

만주에서 사업에 성공한 사람도 있었다. 사람들의 머릿속에서 '조선은 이대로 계속 식민지로 남게 되는 것이 아닐까'라는 불길한 예감이 현실감을 갖기 시작한 것이 이 무렵이었다. 만주국이 세워진 1932년에 출옥한 홍명희는 이런 상황을 지켜보며 정치에서 물러났다. 그리고《조선왕조실록》연구에 몰두하면서 신간회 검거로 수감되어 중단했던《임꺽정》의 연재를 이어갔다.

이런 시대 상황 속에서 아들의 죽음을 겪고 허무감에 사로잡힌 이광수는 출가出家할 뜻을 품고 금강산의 장안사長安寺로 향했다. 항상 그의 마음에 자리하고 있던 출가에 대한 동경이 새삼 분출됐던 것이다. 당시 허영숙이 다섯 살 된 아들 영근을 데리고 장안사로 쫓아가 만류했다. 훗날 이영근 씨는 수필〈이런 일 저런 일〉에서 모친과 함께 캄캄한 산길을 걸으며 서둘러 절을 향했던 일, 사람이 출가에 뜻을 두면 마귀가 여러 형태로 나타나 방해하는데 그중에서도 가장 맞서기 어려운 것이 처자식의 모습이라고 부친이 이야기했던 일 등을 회상하며, 당시 출가했다면 부친은 많은 괴로움을 면할 수 있었을 것이라고 썼다.

경성에 돌아온 이광수는 북한산 기슭의 자하문 밖 홍지동에 집을 지었다. 무일푼의 고아로 출발했던 그가 처음 갖게 된 자기 집이었다. 이광수는 인왕산이 보이는 서재에서《법화경法華

經》을 한글로 번역하는 한편, 독서와 명상으로 하루하루를 보내며 차츰 정신적인 안정을 되찾았다. 둘째 딸 정화가 태어난 것은 이 무렵의 일이다. 고문顧問이라는 지위로 조선일보사에 돌아간 그는 중단했던 《그 여자의 일생》의 연재를 끝내고, 이어서 역사소설 《이차돈의 사死》, 근대소설 《애욕의 피안彼岸》, 자전적 소설 《그의 자서전》을 잇달아 연재하며 단편과 수필도 왕성하게 집필했다. 고문이라고는 해도 신문사를 그만둔 이상 이광수의 수입은 주로 원고료뿐이었다. 한 집안의 가장으로서 그는 붓 한 자루로 가족의 생계를 책임져야 했다.

1935년 2월 안창호가 출소하여 동우회 일은 그의 지시에 따르면 되었다는 점도 그의 정신적 안정에 도움이 되었던 것 같다. 그러나 기관지 《동광》이 종간되고, 1935년 조선총독부의 중지 명령에 따라 브나로드 운동도 종언을 고하며 동우회 활동은 실질적으로 정체 상태에 빠졌다. 출소 후 지방 순회강연을 다니던 안창호도 조선총독부의 극심한 방해에 부딪혀 고향에서 가까운 평양 근교의 강서江西에 송태산장松苔山莊을 짓고 칩거했다.

도쿄의 집

첫 아들 봉근의 죽음은 허영숙의 인생 또한 바꿔놓았다. 남편을 간호하고 아이들을 돌보느라 의료활동에서 멀어져 있던 그녀는 가족을 위해서만 살 것이 아니라 좀 더 '의미 있는 일'을 하기로 마음먹는다. 그래서 결정한 것이 당시 조선에서는 아직 낯선 시설이었던 산원產院을 차리는 일이었다.

현실적이고 합리적으로 사고했던 허영숙은 남편의 붓 한 자루에 의지해 사는 데 불안을 느꼈을 것이다. 직물상 집안에서 나고 자란 허영숙은 애초에 경제관념이 이광수와 전혀 달랐고, 이 때문에 그들 부부 사이에는 자주 작은 언쟁이 오고갔다. 예컨대 집 앞에 거지가 오면 허영숙은 가장 적은 액수의 푼돈을 건네지만, 이광수는 주머니 안에 있는 것을 모두 주었다. 도둑이 들어와 귀중품을 도둑맞았다고 허영숙이 울며 애석해하면 이광수는 걱정거리가 하나 줄었다며 웃어버렸다.

아들이 죽은 후 신문사라는 안정된 직장을 뛰쳐나와 홀연 모습을 감추더니 결국 가족을 버리고 출가하려던 남편이었다. 허영숙은 아이들의 장래를 위해서도 자신이 경제력을 가져야 한다고 생각했을 것이다.

더욱이 이광수 곁에는 공공연히 그를 연모하는 젊은 여성시인 모윤숙毛允淑(1910~1990)이 있었다(그녀는《유정》의 모델이기도 하다). 항상 이야깃거리와 자극을 필요로 하는 소설가에게 플라토닉한 사랑을 바치는 젊은 여성의 존재는 영감의 원천으로서 귀중했을 테지만, 아내의 자존심은 상처 입었을 것이다. 허영숙은 정신적으로나 경제적으로 남편에게서 자립하겠다 결심하고 산원을 차린다는 목표를 세웠던 것이다.

이러한 경제관념의 차이, 그리고 정신적이라고는 해도 이광수를 연모하는 주변 여성들의 존재는 이후에도 항상 허영숙의 애를 태웠다. 해방 후 형식적이긴 하나 그들이 이혼하게 된 것도 이 때문이었다.

허영숙은 모든 일을 자신의 의사로 결정하고 실행하는 능력을 가진 보기 드문 여성이었다. 1935년 여름, 여섯 살 난 영근, 두 살 난 첫 딸 정란廷蘭, 젖먹이 둘째 딸 정화를 남편에게 맡기고 일본에 건너간 그녀는 예전의 상사 구지 나오타로久慈直太郞에게 자신을 조수로 써줄 것을 부탁했다. 당시 적십자사병원 산원의 원장을 맡고 있던 구지는 그녀의 결심이 확고한 것을 보고 부탁을 받아들였다. 허영숙은 곧 세 아이를 도쿄에 데리고 가서 생활을 시작했다. 이광수에게 '도쿄의 집'이 생긴 셈이었다.

이광수는 1936년의 정월을 가족과 함께 아자부麻布의 셋집 2

층에서 후지산富士山을 바라보며 맞이했다. 그리고 혼자 조선에 돌아와 허영숙의 산원이 들어설 터를 구입했다. 이 터를 구입한 데는 당시 일본에서 알고 지냈던 인물이 관련되어 있는 듯하다. 이 무렵 적십자사병원 산원에는 구지가 연 산파産婆 양성소가 있었는데, 경성 효자정孝子町에서 산파 일을 하고 있던 다카하시 마사高橋マサ라는 여성이 연수 중이었다. 이곳에서 그녀와 친해진 허영숙은 마사의 집 가까이에 있는 터를 알선받았을 것이다. 2년 후 허영숙이 효자정에 산원을 열었을 때, 마사는 산파로서 산원에 드나들었을 뿐 아니라 친구로서도 그녀와 가깝게 지냈다. 그리고 나중에는 전 가족이 서로 알고 지내는 사이로 발전하게 된다.

《가이조》의 야마모토 사네히코

시간을 조금 거슬러 올라가보자. 1932년 5월, 2회 '브나로드 운동'을 앞둔 무렵 가이조사改造社 사장 야마모토 사네히코山本實彦가 경성을 방문했다. 정치가이기도 해서 대륙에 큰 관심을 갖고 있던 그는 이제 막 세워진 만주국을 시찰하는 한편, 경성에 머물면서 조선의 사상 동향을 파악하기 위해 여행길에 올랐던 것이다. 물론 가이조샤의 사장으로서 새로운 집필자 개척과 판로 확대, 특히 엔본円本* 거품이 꺼지면서 늘어난 반품서적 처리를 위한 판로 개척에도 목적이 있었다.

가이조샤는 동아일보사의 귀중한 광고주였다. 사장 송진우는 야마모토를 위해 조선 요리점에 자리를 마련하고 그에게 이광수, 주요한 등 몇 사람의 문인을 소개시켜주었다. 야마모토는 이들 문인에게 《가이조改造》에 글을 써줄 것을 청했고, 이에 응하여 이광수는 〈조선의 문학朝鮮の文學〉을 써서 《가이조》 6월호에 발표했다.

야마모토는 일본으로 돌아간 뒤 간행한 기행문 《만·선滿·鮮》에서 이광수에 대해 "조선에서의 문단적 지위가 우리 기쿠치 간菊池寬 씨와 같다"고 썼다. 당시 《동아일보》의 편집국장이면서 신문소설로 널리 인기를 얻고 있던 이광수가 분게이슌쥬샤文藝春秋社의 사장이면서 역시 신문소설로 엄청난 인기를 끌고 있던 기쿠치 간과 비슷해 보였던 모양이다.

이해 9월 이광수가 회사 용무 차 일본에 방문하자 야마모토

---

* 1엔円 선불 입금제를 근간으로 기획·출판된 출판 상품으로, 가이조샤의 《현대 일본문학전집現代日本文学全集》(1926)이 최초의 엔본이다. 이후 출판물의 대량생산과 대량소비를 주도했던 엔본 붐은 1928년 절정에 달하지만, 전집류의 범람과 과도한 독자 경쟁 탓에 많은 출판사를 도산으로 이끌었다.

는 유명한 고급 요정 호시가오카사료星岡茶寮에서 저녁 식사 모임을 열고, 와세다대학시절 이광수의 은사였던 요시다 겐지로吉田絃二郎 외에 구메 마사오久米正雄, 후지모리 세이키치藤森成吉, 사토 하루오佐藤春夫, 사토미 돈里見弴 등의 작가를 불러 소개시켜주었다. 며칠 후 이광수는 야마모토와 함께 가이조샤가 주최하는 단카短歌 좌담회에 참석해 도키 젠마로土岐善麿, 사이토 모키치齋藤茂吉, 마에다 유구레前田夕暮, 기타하라 하쿠슈北原白秋, 오리구치 시노부折口信夫 등 쟁쟁한 시인들 앞에서 시조時調와 향가鄕歌에 대해 이야기했다. 이광수와 야마모토의 관계는 이광수가 동아일보사를 그만둔 뒤에도 지속되었다.

중학시절 이래의 일본어 소설 〈만영감의 죽음〉

1936년 정월을 일본에서 맞은 후 일단 조선에 돌아온 이광수는 5월에 다시 일본으로 건너가 '도쿄의 집'에서 2개월 정도 지냈다. 이때도 가이조샤 사장 야마모토는 이광수를 초대해 요시다 겐지로, 후지모리 세이키치, 하야시 후미코林芙美子 등과 함께 고쿠기칸國技館에서 스모相撲 경기를 보여주었다. 얼마 뒤 이광수는《가이조》8월호에 단편 〈만영감의 죽음萬爺の死〉을 발표한다. 중학시절 〈사랑인가〉를 쓴 이후 두 번째 일본어 소설이었다. 역시 감을 되찾지 못한 탓이었는지 〈만영감의 죽음〉은 뛰어나다고는 할 수 없는 작품이었다.

〈만영감의 죽음〉은 함께 살던 여자가 달아난 뒤 미치광이가 되어 죽는 만영감이라는 인물을 그린 단편이다. 이해 초《삼천리》에 발표된 수필 〈성조기成造記〉에 등장하는 석수 박영감을 모델로 쓴 것이다. 그런 만큼 이광수가 〈만영감의 죽음〉을 일본어로 쓴 것은(조선보다 현격히 높은 원고료의 매력에 끌렸을지도 모르지만) 〈사랑인가〉를 썼을 때와 마찬가지로 굳이 말하자면 취미의 문제이지 국가나 민족의 문제와는 무관했다.

그러나 〈만영감의 죽음〉은 이광수가 자발적으로 쓴 마지막 일본어 소설이 된다. 공교롭게도 〈만영감의 죽음〉이 발표된 1936년 8월 미나미 지로南次郎가 조선총독에 새로 부임하여 조선인을 '충량忠良한 제국帝國 신민臣民'으로 만드는 '황민화皇民化' 정책의 일환으로 일본어 사용을 강제하는 조치를 잇달아 내놓았다. 이후로는 일본어로 쓰는 것 자체가 조선총독부의 방침에 협력한다는 의미를 갖게 되었던 것이다.

서구문명에 대한 반발의 심화

조선에 돌아온 뒤 이광수는 일본에 잠시 머물며 체험한 일을 〈동경구경기東京求景記〉라는 제목으로 잡지 《조광朝光》에 연재했다. 〈동경구경기〉에는 야스오카 마사히로安岡正篤(1898~1983)의 농사학교農士學校 방문기가 실려 있다. 야스오카는 양명학陽明學 사상가로 관료와 군인에게도 영향을 미쳤고, 이 때문에 1936년에 일어난 2·26사건*과도 관계가 있다는 평판이 자자한 인물이다. 농사학교를 방문하기 전에 이광수는 야스오카를 만나 학교가 지향하는 '주의정신主義精神'에 대해 대강의 이야기를 들었다고 한다.

농사학교에서는 서구문명의 영향으로 쇠망의 길을 걷고 있는 세계를 재생시킬 빛은 동양사상에 있다는 야스오카의 사상에 기초해 서구적 이기주의와 개인주의를 버리고 단체주의·봉사주의로 생활하는 방식을 가르치는 한편, 목욕재계와 신전예배神前禮拜 같은 신도식神道式 훈련을 하며 노동을 위주로 하는

---

* 1936년 2월 26일 일본 육군의 황도파皇道派 청년장교들이 일으킨 반란사건. 정계와 재계의 부정부패 및 농촌의 곤궁을 해결한다는 명분하에 천황 친정親政을 목표로 반란을 일으켰으나, 28일 일본 천황이 부대 복귀 명령을 내리면서 사건은 일단락되고 반란 가담자는 일부 사형에 처해졌다.

실질·강건한 교육을 하고 있다고, 이광수는 찬탄을 담아 농사학교를 소개하고 있다. 농사학교의 어떤 점이 그토록 이광수의 마음을 사로잡았던 것일까.

앞서 언급했듯이, 이광수는 대륙방랑에서 돌아와 와세다대학에 유학하기 직전에 발표한 논설 〈공화국의 멸망〉(1915)에서 조선의 전통적인 사회가 '외부'에서 주입된 자유와 권리사상에 의해 오염된 것을 한탄한 바 있다. 또 상하이 망명에서 돌아와 쓴 논설 〈상쟁相爭의 세계에서 상애相愛의 세계에〉(1923)에서는 그 '외부'가 서양임을 명시하고 다음과 같이 격렬한 어조로 서양을 비난했다.

인류의 최대 다수에 공통하던 이 사상(상애주의相愛主義—인용자)에 반대한 유일한 악마적 사상은 로마羅馬에 원源을 발發한 권리사상이외다. 이 사상은 인류의 이기적 쟁투본능에 영합하여 천여 년간 백석인종白晳人種을 수화獸化하였고, 근대에 이르러서는 자연과학의 현훈眩暈할 만한 위력을 빌려 동양 제 민족에게까지 이 권리사상의 독액毒液을 주사하여 정화淨化되었던 인성人性에 오래 병식屛息하였던 이기적 쟁투본능을 격발케 하였습니다. 이 권리사상의 표어는 '생존경쟁'이외다. 우리 동양 민족은 상생相生의 원리는 알았으나 상극相克의 원리인 생존경쟁이란 말부터 몰랐습니다. 우리에게 이것을 가르쳐주어 우리의 미약하던 이기적 쟁투본능을 격발한 자는 백석인白晳人이외다.

1910년대 후반《무정》을 집필하던 무렵 동포들을 향해 생존경쟁에서 열패하지 않으려면 강해져야 한다고 절규한 이광수의 내부에는 생존경쟁에 대한 증오와 그 발신지인 서양에 대한 격렬한 반발이 잠재해 있었던 것이다.

〈공화국의 멸망〉과 〈상쟁의 세계에서 상애의 세계로〉가 모두 상하이에서 귀국한 뒤 쓰인 것을 보면 이광수는 중국에서 서양세력의 발호를 목도하고 상당한 위기감을 느꼈던 듯하다. 이로부터 10년 뒤인 1932년《동광》에 발표한 논설 〈옛 조선인의 근본도덕—전체주의와 구실주의 인생관〉에서는 조선의 촌락 공동체 정신이었던 '집단주의'가 '영미식英米式 개인주의와 이기주의'에 의해 침식되어 절멸의 위기에 놓여 있음을 지적하면서, 서양에 대한 반발을 '전체주의'에 대한 칭송으로 이어가고 있다.

이광수가 농사학교의 훈련 풍경에 마음이 끌린 이유는 본래 그의 내부에 자리하고 있던 이런 경향이 야스오카의 교육방침에 공명했기 때문일 것이다.

물론 일본 사조思潮의 저류에 흐르던 서양에 대한 반발과 동일한 경향을 갖고 있었다고 해서 그것이 이광수를 조국을 식민지화하고 동포를 차별하던 일본에 협력하도록 이끌었다고는 할 수 없다. 그가 대일협력을 결심한 이유는 다음 장에서 서술할 폭력적인 날조사건 때문이며, 서양에 대한 반발은 그 뒤에야 비로소 일본과 보조를 맞추는 방식으로 모습을 드러내게 된다.

VI
대일협력시절
—중일전쟁·태평양전쟁기

체포·사상전향의 표명—동우회사건

동우회사건

중일전쟁이 발발하기 한 달 전인 1937년 6월 7일, 돌연 치안유지법 위반 혐의로 동우회 회원들이 검거되기 시작했다. 이때 이광수도 체포되었다. 동우회가 독립을 목적으로 활동해왔다는 것이 이유였지만, 실제로는 조선 내에 남아 있던 민족주의 세력을 압살하기 위한 날조사건이었다.

이해 5월경 이광수는 평안도에 있던 안창호를 찾아간 일이 있었다. 바로 전해 여름에 부임한 미나미 지로 조선총독이 강력하게 추진하고 있는 황민화 정책에 동우회가 어떻게 대처해야 할지 상담하기 위해서였다. 더욱이 주요한이 안면 있는 경관에게 동우회 해산을 권유받은 터라 안창호는 5월 20일경 경성에 갈 테니 회원들을 소집할 것을 지시했다. 회원들은 준비하고 그를 기다렸지만, 이 무렵 몸 상태가 나빠져 거동할 수 없었던 안창호는 결국 회의에 참석하지 못했다. 바로 다음 달 검거가 시작되었다. 안창호는 물론이고 회원이 아닌 사람까지 포함해 모두 182명이 체포되었다.

당국이 동우회원의 검거에 나서게 된 데는 몇 가지 요인이 있었다. 지난 4월 이광수는 조선총독부 학무국이 조직한 조선문예회 회장직을 요청받았지만 이를 거절했고, 김윤경을 비롯한 몇몇 회원은 당국이 의뢰한 강연을 거절했던 것이다.

가혹한 취조로 회원 두 명이 사망하고 한 사람은 폐인과 다름없게 되었다. 대중에게 사랑받는 병약한 이광수가 사망하면 영향이 클 것이라는 사실을 경찰도 인지했던 듯, 이광수에게는 고문 도구인 물주전자를 갖다 놓고 옆방 회원의 비명을 들려주며 심문했다고 한다.

이광수는 유치장에 들어간 지 한 달 보름 만에 척추 카리에

동우회사건으로 체포되었을 무렵. 1937년.

스가 재발해 입원하고 서대문형무소로 이감된 후로는 줄곧 병
감病監에 있었다. 12월 18일 병보석되어 경성의전병원에 입원
한 이광수는 병상에서 〈들물에〉라는 시를 썼다.

아이들이 바닷가에서 모래를 파네
모래에서 물이 솟네
호수가 되고 강이 되네

물이 더 많고지고
아이들은 운하運河를 파네 ―
한없이 큰 밀물까지

운하의 공사가 끝나기도 전에
벌써 큰물이 운하로 쏠려드네
호수가 넘치고 강이 넘치네

홍수가 났다 해일海溢이로고나
모래성이 모도 터져 나가는데
애들은 적은 손으로 막기에 바쁘고나

아이들은 마침내 소리를 지르고
이 자리를 포기하였네
밀물이 들었다 나간 후
그 자리의 자취는 아직도 촉촉이 젖었어라

아이들은 어디서 또
새 호수와 새 강과 새 운하를 파는고?
밀물은 저어 고파에서 영원의 노래를
중얼거리고 있는데

《삼천리문학》, 1938.1)

모래성을 크게 쌓으려고 판 운하에서 물결이 밀려들어 성을 무너뜨리고 만 아이들처럼 동우회는 정치성을 의심받아 조선총독부의 탄압을 초래하고 말았다. 이광수가 두려워했던 일이 일어난 것이다. 회원들은 아이들처럼 무력해 어찌할 줄을 모르고, 큰 바다는 아무 일도 없었다는 듯이 파도를 철썩이고 있다. 자신들이 해온 민족운동을 모래성에, 조선총독부를 영원한 바다에 비유한 데서 당시 이광수의 체념을 엿볼 수 있다.

이광수가 보석되고 나서 일주일 후 안창호도 보석되어 경성제국대학병원에 입원했다. 지난번 복역 중에 몸이 망가진 안창호는 이광수보다 중태였다. 취조 당시 "자신은 밥을 먹는 것도 민족을 위한 것이고, 물을 마시는 것도 민족을 위한 것"이라며 독립운동가로서의 면모를 관철했다. 미국에 있는 가족이 그의 병문안을 위해 조선에 오겠다는 것도 말렸던 안창호는 결국 3월 10일 사망한다. 3월 초 체포된 회원들을 걱정하며 '회원들을 부탁한다'는 전언을 인편으로 보낸 것이 이광수에게 남긴 유언이 되었다. 경찰은 병문안부터 장례 참례와 성묘에 이르기까지 안창호에게 접근하려는 사람들을 철저히 가로막았다고 한다.

20대부터 스승이자 의지처였던 안창호의 죽음은 이광수에게 몹시 큰 타격을 주었다. 게다가 그가 사망함으로써 이광수는 동우회의 방침을 결정하고 책임지는 입장에 서게 되었다.

지도자 안창호는 독립운동가로서 죽었지만, 동우회 회원들에게 그런 각오를 기대하기는 어려웠다. 그들은 자신이 할 수 있는 범위에서 독립운동에 기여하고자 한 사람들이었다. 가정과 직장에서 성실하고 근면하게 사는 것이 민족의 독립으로 이어진다는 온건한 사고를 가진 중산층이었던 이들이 직장을 빼앗기고 생활이 파괴될 위험에 처해 있었다. 이광수는 그들과 그 가족의 운명을 떠맡아야 했던 것이다.

〈무명〉과 《사랑》

안창호 사망 후 이광수는 병상에서 중편 〈무명無明〉과 장편 《사랑》을 구술집필하기 시작했다.

불교 용어로 번뇌를 일으키는 미망迷妄이라는 뜻을 가진 〈무명〉은 일종의 전향소설이다. 이 세상의 가장 밑바닥이라고 할 수 있는 병감에서 매일 작은 욕망과 싸우면서 죽어가는 죄수들을 사실적으로 그린 작품으로서, 이미 민족운동의 한계를 통감한 이광수에게 불교적인 체념이 자리하고 있었음을 보여준다. 이 작품은 김사량金史良(1914~1950)*의 번역으로 1939년 《모던니폰モダン日本 조선판朝鮮版》 조선 특집에 실렸고, 이어서 기쿠치 간의 후원으로 창설된 조선예술상의 제1회 수상작이 된다.

한편 《사랑》은 이미 결혼하여 아내가 있는 의사 안빈을 스승으로 우러르며 지고한 사랑을 추구하는 여성 순옥의 이야기다. 안빈은 인간이 성적으로 흥분할 때 혈액 속에 생기는 성분을 '아모로겐', 자비의 마음을 낼 때 생기는 성분을 '아우라몬'이

---

* 본명 김시창金時昌. 일제 말기의 소설가. 일본어와 조선어, 두 언어로 소설을 썼고, 1940년 재일在日 조선인의 이야기를 다룬 단편 《빛 속으로光の中に》가 조선인 최초로 아쿠타가와상芥川賞 후보에 선정되기도 했다.

라고 이름짓고 인간의 감정을 과학의 힘으로 통제하는 방법을 연구하고 있다. 그의 연구를 돕기 위해 주인공 순옥은 자신을 짝사랑하는 남성에게 안겨 혈액을 채취하기도 한다. 이런 과학적 발상은 일찍이 허영숙의 박사학위논문 집필을 도와주면서 얻었던 듯하다.

당시 허영숙은 소의 뇌하수체에서 추출한 호르몬을 산모에게 투여함으로써 모유 분비를 촉진하는 방법을 연구하고 있었는데, 이광수는 아내의 부탁을 받고 도살장에서 소의 뇌를 구해온 일도 있었다고 한다. 생화학박사인 이광수의 둘째 딸 이정화 씨에 의하면, 모성 행동과 모유 분비에 커다란 역할을 하는 호르몬 옥시토신oxytocin과 프로락틴prolactin은 당시부터 과학계에 알려져 있었으며, 모친 허영숙과도 그런 이야기를 나눈 일이 있다고 한다. 이광수는 아내의 논문 집필을 도와주면서 얻은 과학적 지식을 이 소설에 사용했을 것이다.

의사 안빈에 대한 애정을 관철하려고 다른 남성과 결혼하는 여주인공 순옥에게는 이광수를 마음에 두고도 그의 권유로 결혼해 파국을 맞았던 여성 시인 모윤숙의 모습이 투영되어 있다. 《사랑》은 1939년 10월 상권이 간행되었고, 이 원고료로 이광수는 병원 입원비를 지불했다고 한다.

허영숙 산원

1938년 7월, 입원한 지 반년 이상 지나 자택 요양을 허락받은 이광수는 홍지동 집으로 돌아왔다. 한 달 전 6월에는 경성의 효자정에 허영숙 산원이 문을 열었다. 도쿄에서 박사학위논문을 집필하던 허영숙이 남편의 체포 통지를 받고 곧바로 조선으로 돌아온 지 1년이 지난 때였다.

허영숙은 감옥에 갇힌 남편을 옥바라지하는 한편 온갖 방법으로 남편의 보석운동을 벌이고, 보석 후에는 병원에 머무르며 남편을 간호했다. 그러는 와중에도 사두었던 터에 산원을 짓기 위해 자금 조달, 설계, 공사, 직원 모집 등에 힘쓰며 분주하게 뛰어다녔다. 그리고 1년 만에 산원을 개원했던 것이다. 초인적인 추진력이 아닐 수 없다.

어느 잡지사와의 인터뷰에서 허영숙은 중단한 박사학위논문은 이제부터 다시 쓸 것이라고 이야기했지만, 결국 그럴 여유를 갖지 못했다. 가족의 생계가 이제 그녀의 두 어깨에 달려 있다. 20개의 입원실에 진찰실, 수술실, 분만실, 약국, 조리실까지 최신 설비를 갖춘 허영숙 산원의 건축비는 4만 원 남짓이었다.

덧붙이자면 이 무렵 조선영화사에서 제작한 《무정》의 영화화 저작료가 500원, 《사랑》 상·하권 판권을 출판사에 양도한 대금이 3,500원이었다.

이듬해 5월 이광수는 홍지동의 집을 6,000원에 팔고, 허영숙 산원으로 이주했다. 아들이 죽은 해에 지어 죽을 때까지 살 작정이었던 집을 팔게 된 착잡한 심정을 이광수는 9월 《문장文章》에 발표한 수필 〈육장기鬻庄記〉에서 불교적 체념을 섞어 담담하게 쓰고 있다.

사상전향 표명—〈합의〉

이광수가 홍지동 집에 돌아온 1938년 여름, 이광수를 비롯한 42명의 동우회 회원이 기소되었다. 불기소 처분을 받은 18명의 회원은 6월 전향성명서를 발표하고 이전에 다니던 직장에 복귀했다. 기소된 회원들도 11월 3일 메이지절明治節*을 맞아 사상전향 표명서 〈합의申合〉를 일본어로 작성해 재판소에 제출했다.

---

* 11월 3일은 메이지 천황의 생일. 메이지 천황의 업적을 기리기 위해 1872년 3월 4일의 칙령에 의해 제정되었고, 1948년 새로운 법률에 의해 폐지되었다.

합의申合

우리들은 병합 이래 일본 제국의 조선 통치를 영국의 인도 통치, 프랑스의 베트남 통치와 같이 단순한 이른바 식민 정책으로 생각해왔다. 그리고 조선 민족은 일개 식민지 토인으로 영원히 노예의 운명에 놓인 것이라고 한탄해왔다. 메이지 대제大帝의 일시동인一視同仁의 말씀은 실제로는 영구히 실현되지 않을 것이라고 생각했던 것이다. 이에 우리들은 독립사상을 품고, 조선 민족을 일본 제국의 굴레에서 해방하는 것이 우리들의 의무라고 믿어왔던 것이다.

그러나 우리들은 과거 1년 반 깊이 반성한 결과, 조선 민족의 운명을 재인식하고 종래 우리들이 품었던 사상을 재검토함으로써 일본 제국이 조선을 통치하는 참뜻을 올바르게 이해할 수 있게 되었다. 우리들을 이런 기쁜 결론으로 이끈 가장 유력한 원인이 된 것은 지나사변과 더불어 명백해진 일본의 국가적 이상, 그리고 미나미南次郞 총독의 몇 가지 정책과 의사 표명이다.

우리들은 지나사변에 대한 일본 제국의 국가적 이상이 서양의 제국주의 국가들의 그것과는 매우 현격한 차이가 있음을 인식했다. 일본은 팔굉일우八紘一宇의 이상을 통해 우선 아시아 각 민족을 구미 제국주의와 공산주의의 질곡에서 벗어나게 하고, 동양 본래의 정신문화 위에 공존공영共存共榮의 신세계를 건설하는 데 일본 제국의 국가적 이상이자 목적을 두었음을 이해했고, 동시에 조선 민족도 결코 종속자나 추종자로서가 아니라 일본 국민의 중요한 구성분자로서 함께 이 위업을 분담하고, 또 이로부터 다가올 행복과 영예를 누릴 자임을 국가로부터 허락받고 또 요구받았다는 것을 우리들은 이해할 수 있었던 것이다. 이미 교육의 평등은 실현되었다. 가까운 장래에는 의무교육도 실시되고 조선 민족에게 병역의 의무도 부여될 것이라고 한다. 한마디로 말하면 일본 제국은 조선 민족을 식민지의 피통치자로서가 아니라 진실로 제국의 신민으로서 받아들였고, 거기에 신뢰하고자 하는 참뜻이 있음을 우리들은 이해하고 또 믿을 수 있게 된 것이다. 이리하여 우리들은 종래 우리들의 오해에 기초한 조국에 대한 진실로 죄송스러운 사상과 감정을 청산하고 새로운 희망과 환희와 열정을 가지고 다음과 같이 결의한다.

一, 우리들은 지성으로써 천황에게 충의를 바치자.
二, 우리들은 일본 국민이라는 신념과 긍지로써 제국의 이상실현을 위해 정신적·물질적으로 전력을 다하자.

三, 지나사변은 우리가 일본 제국의 국가적 이상 실현의 기초에 관계되는 것임을 확실히 파악하고, 작전 및 장기 건설을 위한 온갖 국책國策의 수행에 최선의 노력을 다하자.

이에 메이지절을 택해 우리들은 거듭 숙고하여 합의를 이룬 바이다.

1938년(쇼와昭和 13) 11월 3일 동우회 회원 일동

요약하자면 동우회 회원들은 메이지 천황의 '일시동인'이라는 말을 믿을 수 없었고 일본이 조선을 식민지의 노예처럼 지배한다고 생각해 민족 독립사상을 품어왔지만, 중일전쟁으로 일본이 보여준 동양 공영共榮의 국가적 이상, 그리고 미나미 지로 총독이 실시한 '몇 가지 정책'과 '의사 표명'으로 인해 오해가 풀렸다, 조선인도 제국의 신민으로서 평등한 취급을 받게 되리라는 사실을 믿을 수 있게 되었으므로 이제부터는 일본 신민으로 살아갈 것을 결의한다는 내용이다.

미나미 총독이 실시한 '몇 가지 정책'이란 조선인에게 병역의 의무를 지운 2월의 육군지원병제도와 조선의 교육제도를 일본과 동일하게 개정한 3월의 조선교육령을, 그리고 '의사 표명'이란 이른바 '내선일체內鮮一體'를 가리키는 듯하다.

한마디로 말하면 지금까지는 일본을 믿지 않았지만 이제는 믿는다는 것이다. 거짓말하지 않는다는 것을 신조로 삼았던 이광수는 이후 이 합의를 지켜간다.

11월 3일 오전 9시, 미결수와 결석자를 뺀 나머지 28명이 효자정 이광수의 집(허영숙 산원)에 모였다. 회원들은 황거요배皇居遙拜, 국가國歌 연주, 1분간 묵념을 하고 자동차에 나누어 탄 뒤 남산 조선신궁朝鮮神宮에 가 참배했다. 그리고 다시 돌아와 회원 전원이 〈합의〉에 서명 날인하고 국방헌금 기부를 결의한 다음 점심 무렵 만세 삼창을 외치는 것으로 이날 모임을 마쳤다.

'내선일체'의 논리

재판소에 〈합의〉를 제출하고 한 달 뒤인 1938년 12월 14일, 경성 부민회관府民會館 강당에서 전향자를 중심으로 한 '시국유지원탁회의時局有志圓卓會議'가 열렸다.

이 자리에서 이광수는 "조선인이라는 고집을 버리고 일본인이 되어 일본정신을 가질 것을 결심"했다고 밝혔다. 그리고 훈련을 거듭함으로써 드디어 '국민적 감정'을 갖고 일장기를 게양하고 신사참배를 할 수 있게 된 자신의 체험을 이야기하면서, "내선일체의 길은 이러한 국민적 감정을 철저하게 배양하기 위해 오로지 일상 행동을 훈련하는 데 있다"고 발언했다.

이광수는 '내선일체'를 무엇이라고 생각했던 것일까.

이날 청년 평론가 현영섭玄永燮이 내선일체를 위해 언어·풍속까지 융합일체해야 한다고 주장한 데 비해 이광수는 "조선의 언어·문화 등은 끝까지 보존하면서도 조선인은 진심으로 일본을 사랑하는 일본 백성이 되고 천황폐하를 진심으로 자기의 '임금'으로 경배하는 마음을 가질 수 있다"는 견해를 내놓았다. 그가 생각하는 '내선일체'란 조선의 고유성을 유지하면서 일본인이 되는 것이었음을 알 수 있다.

이 무렵은 이광수와 같은 사고방식이 주류였고 현영섭의 주장은 오히려 극단적인 것에 속했다. 이해 여름 현영섭이 미나미 지로 총독에게 조선어 사용을 폐지하라고 진언했을 때 미나미는 이를 거부하고 '국어(일본어)' 보급운동은 조선어 폐지운동이 아니라고 분명히 못 박았다. 또 재조在朝 일본인 잡지《록기綠旗》의 츠다 가타시津田剛도 이 무렵 쓴 논설에서 내선일체란 결코 내지화內地化를 의미하는 것이 아니라면서, "조선 옷은 순수한 일본 옷이다. 일본인 외에 세계 어느 곳에 조선 옷을 입은 국민이 존재하는가"라고 단언했다.

한국사 연구자 미야타 세츠코宮田節子는 미나미 총독이 슬로

건으로 내건 '내선일체'에 대해 상황에 따라 자유자재로 내용을 달리하는 '아메바 같은 무정형無定形의 것이었다고 표현한 바 있다. 실제로 1937년 7월에 시작된 중일전쟁에서 이른바 '대동아전쟁大東亞戰爭(태평양전쟁)'에 이르는 시기 동안 '내선일체'라는 말을 반복해 사용했던 미나미 자신은 그 용어가 갖는 애매함과 위험성을 잘 알고 있었다.

1938년 9월 조선총독부가 개최한 시국대책조사회의 내선일체 강화에 관한 심의審議에서는 산적한 조선인 차별 문제, 특히 내선일체를 저해하는 것은 기득권을 고집하는 재조 일본인이라는 조선인 측의 뿌리 깊은 불신이 분명하게 드러났다. 해결 불가능한 문제에 뚜껑을 덮은 채 '평등'을 내세우고 조선인의 자발적인 '황민화皇民化'를 이끌어내고자 한 것이 미나미가 내건 '내선일체'라는 슬로건이었던 것이다.

이 애매함을 잘 알고 있었던 이광수는 '내선일체'에 도박을 걸었다. 자신이 살아 있는 동안, 아니 그 후에도 일본의 통치가 계속될 것이라고 믿었던 그는 조선인에 대한 차별을 없애기 위한 방편으로 내선일체를 적극 주장하고 나섰다.

일찍이 제2차 유학시절 가야하라 가잔의《홍수 이후》에 투고한 〈조선인 교육에 대한 요구〉(1916)에서 '동화'의 논리를 역이용해 동일한 '천황의 적자'인 조선인에게 일본인과 똑같은 교육을 실시하라고 주장했던 것처럼, 이광수는 '내선일체'의 논리를 역이용함으로써 '차별에서의 탈출'이라는 실리를 얻고자 했을 것이다. 그러나 '내선일체'의 논리는 곧이어 아메바처럼 형태를 바꾸어가게 된다.

대일협력을 향한 발걸음

이로부터 3, 4개월 후인 1939년 봄, 이광수는 전쟁터에 황군위문작가단皇軍慰問作家團을 보내기 위한 모임에 출석했다.

바로 전해 일본에서는 종군작가부대從軍作家部隊를 결성해 전쟁터에 나간 작가들이 펜 부대라 불리며 매스미디어의 화려한 조명을 받았다. 조선에서도 무언가 하지 않으면 당국의 의심을 받을 것이라며 불안해하는 분위기가 있었을 것이다. 이 무렵 조선을 방문한 하야시 후사오林房雄가 한 좌담회에서 조선인 문사들의 종군을 권유한다. 이에 당시 좌담회에 참석했던 학예사學藝社의 임화林和, 인문사人文社의 최재서崔載瑞, 문장사文章社의 이태준李泰俊 등이 중심이 되어 문단의 대표를 위문단으로 보내고 싶다는 뜻을 군사령부에 전달하지만, 군사령부는 문단 전체의 뜻으로 간주하기 어렵다는 이유로 알선을 거절했다. 아마도 모든 작가를 군에 협력하도록 몰아가려는 저의가 있었던 것이 아닐까 싶다.

결국 문단 전체의 뜻을 나타내기 위해 출판업자 14명과 작가 50명이 모여 황군위문작가단 결성을 위한 정식 회합을 열었다. 그리고 당시 자하문 밖에 거주하고 있던 이광수의 집까지 차를 보내 이광수는 보내온 차를 타고 회합에 출석했던 것이다. "이것이 내가 이른바 일본에 협력하는 일에 참예한 시초였다"고, 이광수는 회상록《나의 고백》에서 회상하고 있다.

이광수가 '제2의 대일협력'으로 꼽은 것은 조선문인협회朝鮮文人協會를 결성한 일이다. 1939년 10월 무렵이었다.

김문집金文輯이라는 사람이 나를 찾아왔다. 그는 당시 여러 잡지에 많은 평론을 쓰고 있었고, 자기는 학무국장 시오바라塩原와 친하다고 하여, 지금 조선 문인들이 대단히 당국의 주목을 받고 있으니 문인의 단체를 만들어서 연맹聯盟에 가입하지 아니하면 필시 대탄압이 오리라 하고, 문인의 단체만 만들면 시오바라가 후원한다고 하며 내게 의향을 묻기로, 나는 좋겠다고 대답하였다. 이것이 나의 두 번째 훼절이었다(《나의 고백》, 1948).

연맹이란 국민정신총동원 조선연맹을 가리키는 것으로, 이듬해 국민총력 조선연맹으로 개칭된다. 김사량이 쓴 〈천마天馬〉의 주인공 현룡玄龍의 모델이기도 한 김문집은 학생시절부터 일본에 유학해 문학활동을 했고, 수년 전 조선에 돌아와 문예평론가로 활동하고 있었다. 그리고 이듬해에는 사기·공갈·주택 침입 등의 혐의로 체포되어 조선 문단에서 모습을 감춘 기이한 이력의 소유자였다.

이광수가 김문집의 제안을 받아들인 이유는 그도 조선 문인들의 신변이 위험한 것을 어느 정도 짐작하고 있었기 때문이었다. 이광수는 동우회사건 직전 조선총독부로부터 조선문예회의 회장직을 요청받고 거절하여 회원들의 검거 사태를 초래한 일을 후회하고 있었을 것이다. 탄압을 저지할 수만 있다면 당국에 협력하는 것도 어쩔 수 없는 일이라고 생각했던 듯하다.

이광수의 생각은 이듬해 결성된 대정익찬회大政翼賛會에서 문화부장을 떠맡은 기시다 구니오岸田國士(1890~1954)의 생각과 동일한 것이 아니었을까. 기시다가 문화부장에 취임했다는 소식이 전해지자 일본 문인들은 그가 방파제가 되어 자신들을 지키려는 것이라고 생각했다고 한다. 가와카미 데츠타로河上徹太郎는 "군인과 관료에게 문화 통제의 총괄을 맡기면 끝장이겠지만, 기시다 씨라면 한 가닥 희망이 보인다"면서 동료들에게 기시다를 지지하자고 호소했고, 이와야 다이시巖谷大四는 기시다의 취임을 두고 "바싹 다가온 암운暗雲 속의 한 줄기 빛"으로으로 표현하기도 했다. 한편 기시다를 우상처럼 숭배하다 죽어간 사람들이 존재한다는 사실 앞에서 기시다에 대한 이런 기대는 '사소한 것'이었다는 의견도 있다《일본문학보국회日本文學報國會》, 1995). 이광수에 대해서도 평가가 나뉠 것이다. 참고로 《쇼와문학사昭和文學史》(1963)를 쓴 히라노 겐平野謙은 기시다에 대해 "조직을 역이용하기 위해 미이라를 잡으러 갔다가 미이라가 될 뻔했던 사람"이라고 일갈했다.

이광수의 대답을 받아낸 김문집이 사전 공작을 펼쳐 1939년 10월 29일 조선문인협회가 결성되었다. 그리고 이광수가 회장, 시오바라 학무국장이 명예총재를 맡았다. 그런데 한 달 보름 만에 이광수는 '개인적인 사정'으로 회장직을 사임한다.《나의 고백》에 따르면, 판사가 이광수를 호출해 재판에 압력을 준다는 오해를 받을 수 있으니 문인협회를 탈퇴하라고 권유했다고 한다.

이광수는 몰랐던 듯한데(어렴풋이 알고 있었을지도 모른다), 경기도 경찰부장이 재판소에 일부 조선문인협회 회원들이 이광수의 처신을 자기 보신을 위한 것이라고 비난하고 있다고 고발했던 것이다.

이광수가 사임한 후에도 후임 회장은 선출되지 않았다. 이광수를 대신할 인물이 문단에 없었기 때문이다. 조선문인협회는 1943년 4월 황도문학皇道文學 수립을 목표로 내걸고 결성된 조선문인보국회朝鮮文人報國會로 통합되지만, 이때는 회장도 이사장도 일본인이 맡았다.

이광수가 대일협력에 나설 무렵 홍명희는 병을 핑계로 《임꺽정》의 연재를 그만두고 시골 양주楊州로 이사했다. 지조를 지키겠다는 뜻이었다. 이후 그는 1945년 8월 해방 때까지 칩거한다.

가야마 미츠로로의 창씨개명
―지식인 학살명부에 대한 우려

일본어 소설 〈진정 마음이 다가서야말로〉

1940년 2월 이광수는 가야마 미츠로香山光郎라고 창씨개명했다.

이광수는 《매일신보》와의 인터뷰에서 '가야마香山'의 유래를 나라현奈良縣에 있는 신성한 삼산三山 중 하나인 아마노카구야마天香久山라고 설명했다. 그러나 소학생이었던 아들 이영근 씨에게는 고향의 묘향산과 불경에서 취한 이름이며, '가야마 미츠오'라고 읽는다고 가르쳐주었다고 한다.

당시 이광수는 불경을 많이 인용한 역사소설 《세조대왕世祖大王》을 집필하고 있었다. 이 소설은 일찍이 《단종애사》에서 권력에 대한 욕망에 눈이 멀어 조카의 왕위를 찬탈하고 목숨을 빼앗던 세조가 그 후 불교에 귀의해 병고에 시달리는 몸으로 무상無常을 되씹으면서 죽어가는 모습을 그리고 있다.

이해 3월 이광수는 재조在朝 일본인 잡지《룍기》에 일본어 소설〈진정 마음이 다가서야말로心相觸れてこそ〉의 연재를 시작했다. 4년 전에 쓴 일본어 단편〈만영감의 죽음〉과 달리 이 작품은 재조 일본인에게 '내선일체'를 호소하기 위해 일부러 일본어로 집필한 것이었다.

〈진정 마음이 다가서야말로〉는 경성제국대학의 외과의사 충식忠植과 그의 누이 석란石欄, 그리고 충식의 친구인 경성제국대학 법문학부 학생 다케오武雄와 그의 누이 후미에文江 두 쌍의 오누이 사이에 '내선연애内鮮戀愛'가 생겨나고, 그들이 결국 병사, 종군의, 종군 간호사로서 전쟁터에 나가는 이야기다. 이 소설에서 조선인은 경제적인 면을 제외하면 항상 일본인보다 우위에 있다. 의사인 충식은 다케오의 선배이자 생명의 은인이고, 석란은 다케오 오누이보다 유창한 진짜 '도쿄 말'을 쓰는데다

이광수가 '가야마 미츠로'로 창씨개명했다는 소식을 보도한 1940년 2월 20일자《매일신보》.

중국어에도 능통하다. 이야기의 후반부에 이르면 전쟁터에서 실명한 다케오는 석란의 도움 없이는 아무것도 하지 못한다.

이처럼 당대 현실과 정반대되는 설정에는 일본인과 조선인이 평등하게 연애하려면 일본인 쪽에 그만한 결함이 필요했던 당시의 상황이 반영되어 있는 동시에, 일본은 조선 없이는 전쟁을 수행할 수 없다는 이광수의 은밀한 생각도 영향을 미쳤을 것이다. 소설 속에서 석란은 실명한 다케오와 전장에서 약식 혼례를 올리는데, 이를 일본과 하나 된 조선을 표상한다고 해석하면 이후 전개되는 이야기는 매우 암시적이다.

혈기가 넘치는 다케오는 홀로 적지에 뛰어들어 적장을 설득하는 무모한 행동에 나선다. 하지만 이 결단은 석란의 협력을 전제로 한 것이다. 중국어를 못 하는 눈먼 일본 병사가 힘없는 조선인 새 신부를 길잡이 삼아 적지에 파고들었다가 감옥에서 죽음을 각오하며 손을 맞잡는다는 '내선연애'의 결말은 비참하고, 무언가에 씌운 듯한 섬뜩함을 느끼게 한다. 이 소설은 연재 5회분인 이 장면에서 중단되었다.

이 무렵을 전후하여 이광수는 일본어로 많은 논설과 수필을 썼다. 그러나 일본어 소설은 3년 후인 1943년까지 쓰지 않았다.

《록기》와 경성제국대학

이광수가 〈진정 마음이 다가서야말로〉를 《록기》에 연재한 것은 록기연맹의 경성제국대학 인맥과 관련이 있다.

록기연맹은 1920년대 경성제국대학 예과의 화학 담당이었던 츠다 사카에津田榮가 학생들을 모아 만든 니치렌사상日蓮思想* 연구모임에서 발전한 것이다. 경성제대를 졸업한 츠다의 친아우 츠다 가타시津田剛와 그의 친구 모리타 요시오森田芳夫가 주축이 되어 1933년에 발족한 록기연맹은 이윽고 2,000명의 회원을 가진 사회교화 단체로 발전한다. 1936년 창간된 《록기》에는 츠다와 동기이자 완전동화론자로 유명한 현영섭이 의욕적으로 붓을 휘두르고 있었다. 현영섭은 "내선일체의 정신은 조선인이 완수해야 할 의무인 동시에 내지인內地人에게도 당위當爲"라고 하며 '내선일체'가 차별의 부정임을 강조했고, 《록기》는 이 논조를 내걸고 '내선일체' 문제에 몰두했다.

1939년 《록기》 지면에는 일본인과 조선인 양쪽에서 '내선일

---

* 일본 가마쿠라시대의 승려 니치렌의 법화경 절대주의를 가리킨다. '팔굉일우八紘一宇'라는 건국 이념을 법화의 이상 위에 근거지우면서 메이지에서 쇼와 말기에 이르기까지 근대 일본의 종교적 내셔널리즘의 일익을 담당했다.

체'에 대한 논의가 활발하게 오간다. 5월호에서는 한 일본인 학생이 상대방을 이해하고자 하는 배려의 마음이 중요하니 '마음으로 다가서자'고 호소했고, 8월호 '내선일체를 위해서는 우선 무엇부터 시작해야 하는가'라는 주제의 앙케트 기획에서는 교육자와 경제인들이 다양한 의견을 내놓았는데, 그중에서도 특히 "젊은이들이 그런 생각을 갖게 될 것"이라고 답한 경성제대 법문학부 교수 오타카 도모오尾高朝雄는 그 후 특별히 〈조선에서 공부하는 학생 여러분에게朝鮮に學ぶ學生諸君へ〉라는 글을 기고해 제자들에게 '내선우정內鮮友情'을 호소했다.

한때 경성제대 선과選科에 적을 두었던 이광수에게 '죠다이城大'(당시 경성제대는 이렇게 불렸다) 학생들은 후배였다. 1940년 3월부터 이광수가 《록기》에 〈진정 마음이 다가서야말로〉를 쓴 이유는 후배들의 '내선우정'을 위해서였을 것이다. 이듬해 1월부터는 잡지 《신시대新時代》에 경성제대를 무대로 한 조선어 소설 〈그들의 사랑〉을 연재했지만 3회 만에 갑작스레 중단되었다. 아마도 검열 때문이었을 것이다.

일본어 강제의 강화—누구를 향해 썼는가

조선총독부의 일본어 강제가 점차 강화되어 1940년 8월 마침내《동아일보》,《조선일보》등의 조선어 신문이 폐간되었다.

이 무렵부터 이광수는 '내선일체'를 칭송하는 일본어 문장을 잇달아 썼다. 9월에는 국민정신총동원 조선연맹의 기관지《총동원總動員》에 〈내선 청년에게 보냄內鮮青年に寄す〉을, 10월과 이듬해 1월에는《경성일보》에 각각 〈동포에게 보냄同胞に寄す〉과 〈중대한 결심—조선 지식인에게 고함重大なる決心─朝鮮知識人に告ぐ〉을, 그리고 다음 달 2월에는 재일 조선인의 황민화 교육 기관인 중앙협화회中央協和會에서 간행하던 잡지《협화사업協和事業》에 〈내선일체수상록內鮮一體隨想錄〉을 발표했다.

그런데 당시 조선에 이러한 논설을 일본어로 읽을 수 있는 조선인은 얼마나 됐을까.

경성일보사가 편찬한《1939년도조선연감昭和十四年度朝鮮年鑑》의 1936년 말 통계에 따르면, 조선인 2,150만 명 가운데 '보통 회화'에 지장 없는 일본어 능력 보유자는 105만 명으로 전체 인구의 약 5퍼센트를 차지했다. 물론 논설이나 소설을 읽을 수 있는 사람의 숫자는 이보다 적었을 것이다.

1940년에 발표된 김사량의 일본어 소설 〈천마〉에는 "조선인의 8할이 문맹이고, 게다가 글을 이해하는 자의 90퍼센트가 조선어밖에 읽지 못한다"고 토로하는 한 평론가가 등장한다. 일본어를 제대로 읽을 수 있는 조선인은 2퍼센트, 즉 40만 남짓이라는 것이 당시의 작가가 체감하는 숫자였던 것이다. 한편 당시 재조在朝 일본인의 수는 65만 명이었다.

이광수는 누구를 향해 일본어로 글을 썼던 것일까. 그것은 내용에 드러나 있다. 예컨대 〈내선 청년에게 보냄〉에서 이광수는 '내지內地 청년'과 '반도半島 청년' 양쪽 모두에게 호소하고 있지만, 조선의 친구와 마음을 터놓아달라는 '내지 청년'을 향한 호소에 좀 더 마음을 쏟고 있다.

〈내선일체수상록〉은 '천황의 신민臣民이 되자'는 조선인을 향한 호소로 시작하지만, 마지막은 조선인을 동포로서 사랑해달라는 일본인을 향한 절절한 호소로 끝난다. 애초에 일본으로 건너간 조선인 노동자가 이런 일본어 논설을 읽었을 리 없다. 이 글은 협화회와 관련된 일본인이 읽었을 것이다. 이광수는 이들 일본인 독자를 향해 애정을 가지고 조선인을 대해달라고 간절히 호소했던 것이다.

한편 〈동포에게 보냄〉은 당시 많은 재조 일본인이 구독하고 있던 《경성일보》에 1940년 10월 1일부터 9일 동안 연재되었는데, 이 글에서 '동포'는 명백히 일본인을 가리킨다. '나'는 동포인 '그대'를 향해 지금까지 '나'가 일본의 신민임을 인정하지 않았던 것을 참회한다. 그리고 그것은 일본이 조선을 식민지 취급하고 있다고 오해했기 때문이며, 이제부터는 일본을 믿고 '내선일체'를 위해 노력할 것이라는 결의를 표명하고 있다.

이어서 '나'는 '내선일체'가 실현된 날의 구체적인 이미지를 그려낸다. '나'와 '그대' 사이에 전혀 차별이 없어져 육해군 병사와 사관士官의 4분의 1 내지 3분의 1이 조선인이고, 조선인도 정치에 참여해 국회의원의 4분의 1 내지 3분의 1은 조선인이 차지하며, 대신大臣과 대장大將의 지위에도 조선인이 진출하는 것, 이것이 이광수가 그려낸 '내선일체'의 완성된 모습이다.

미래의 이미지를 이렇게 묘사한 '나'는 "불행히 그대가 내가 말하고 있는 것을 백일몽이라고 생각한다면 모든 것은 엉망진창"이라고, '내선일체'가 단순한 슬로건에 그쳐서는 안 됨을 경고하고 있다. 이는 전적으로 일본인을 향한 '내선일체'의 요청인 것이다.

이 무렵 이광수의 일본어 문장은 조선에 살며 일상적으로 조선인과 접촉하는 일본인, 즉 재조 일본인을 독자로 상정하고 있었던 것이다.

최종심에서의 무죄 판결

그동안에도 동우회사건 재판은 계속되고 있었다.

식민지시대에는 조선총독부가 사법司法을 관할하였다. 그리고 지방법원地方法院, 복심법원覆審法院, 고등법원高等法院의 심리를 거치는 3심제였다. 1심에서 전원 무죄, 2심에서 전원 유죄, 그리고 3심에서 전원 무죄 판결을 받은 것은 1941년 11월 17일, 태평양전쟁 발발 3주 전의 일이었다.

차녀 이정화 씨의 회상에 따르면, 철이 들고 나서 처음 떠오르는 기억은 어머니에게 재판소에서 있었던 일을 열심히 이야기하던 아버지의 얼굴로, 그때 '변호사', '검사', '판사'라는 단어가 의미도 모른 채 각인되어버렸다고 한다. 3심에서 무죄 판결이 났을 땐 온 가족이 야단법석이었고, 그녀도 흥분해 "무죄! 무죄!"를 외치며 깡충깡충 뛰어다녔다고 한다. 재판이 그녀의 집안에 얼마나 큰 영향을 미쳤는지 엿볼 수 있는 대목이다.

1941년 중일전쟁이 장기화되고 미국과 전쟁이 시작되리라는 예감이 고조되는 가운데 사람들은 극도로 폐색된 심리에 빠져 있었다. 여기에 최종 판결에 대한 불안과 긴장까지 가중되어 이광수는 격류 속으로 휩쓸려 들어간다.

'진정보편의 전향'으로

이해 9월 《매일신보》에 발표한 논설 〈반도 민중의 애국운동〉에서 이광수는 재차 전향을 외쳤다. 피통치자 의식을 버리고 자신을 황민화할 것을 결의하는 수준의 전향으로는 부족하고 천황에게 귀일歸一해 멸사봉공滅私奉公하는 '진정보편眞正普遍의 전향'이 필요하다는 주장이었다. '내선일체'라는 표어는 이미 역사적 용어에 지나지 않는다, 이제 우리는 사상, 감정, 풍속, 습관 등에서 비非일본적인 것을 제거하고 일본적인 것으로 순화해야 한다고 주장하는 이광수에게 3년 전 '시국유지원탁회의' 때의 모습은 보이지 않는다. 당시 그가 언명했던 "국민적 감정을 철저하게 배양하기 위해 오로지 일상 행동을 훈련"한 결과가 이러한 형태로 나타났던 것일까.

나카지마 겐조中島健藏는 《쇼와시대昭和時代》(1957)에서 얼굴 살갗에 달라붙어 벗겨지지 않게 된 도깨비탈 이야기에 빗대어, 1940년 당시 일본의 문학계에서 다양한 방패막이 뒤에 숨은 문인들의 '살에 달라붙은 가면'이 얼굴에 파고드는 모습은 밖에서도 알아볼 수 있을 정도였다고 썼다. 조선에서도 상황은 마찬가지였다. 다카미 준高見順이 《쇼와문학성쇠사昭和文學盛衰史》(1958)에서 사회주의자에게 더욱 철저한 전향이 강요되어

1941년에는 "전향은 그 최종 단계로서 우익적 일본주의가 아니면 전향으로 인정하지 않는 지경에까지 이르렀다"고 한 상황이 조선 민족주의자들 사이에서도 일어나고 있었다.

철저한 전향을 강요하는 '보호관찰'과 '선도善導'가 실시된 것도 똑같았다. 이광수는 대화숙大和塾이라는 '선도 시설'에 머물며 강습회에 참여했던 일에 대해 쓴 수필 〈행자行者〉를 1941년 《분가쿠카이文學界》 3월호에 발표했다. 고바야시 히데오小林秀雄에게 보내는 편지 형식으로 쓰인 이 수필에서 이광수가 "혈통은 문제가 안 된다. 정신까지 일본정신이 되려면 조선 민중은 양자養子로서 일본인이 될 수 있다"는 강사의 말을 인용하며 '행자'와 같은 결의, 즉 "조선인이 진짜 일본인이 되려면 우선 종래의 조선적 마음을 뿌리째 뽑아버리지 않으면 안 됩니다"라는 결의를 내보이고 있는 대목에서는 마음 아플 정도의 적극성이 느껴진다.

지식인 학살명부와 대일협력

〈행자〉는 1940년 여름 이광수가 문예총후운동文藝銃後運動 차 조선을 방문했던 고바야시 히데오에게 자서전을 써달라는 부탁을 받고 '생애의 한 조각'을 쓴다는 생각으로 쓴 것이다.

이 무렵 내선일체를 주장하는 일본어 논설을 잇달아 발표했던 이광수는 고바야시에게 두 번이나 원고 독촉을 받고 재조선 일본인뿐 아니라 일본에 거주하는 일본인에게도 같은 주장을 할 생각이었을 것이다. 이광수는 〈행자〉에서 고바야시에게 '하나가 되자'고 조선인에게 호소해줄 것을 부탁하고 있다. 조선인에게 손을 내밀어달라고 '부탁'받은 고바야시는 그것을 어떻게 받아들였을까.

이광수를 아끼던 사람들은 그가 대일협력에 나서는 것을 애석해하면서 그에게 시골로 물러나 있기를 권유했다. 거처할 곳을 제공하겠다는 사람도 있었다. 그러나 이광수는 그 제안을 거절했다.

훗날 이광수는 자신이 대일협력에 나선 가장 큰 이유로 어떤 명부名簿의 존재를 들었다. 당시 조선총독부와 검사국 그리고 군대 사이에서는 예비구금豫備拘禁 혹은 총살 예정자 3만 명에서 3만 8,000명에 달하는 지식인 명부가 논란이 되었다고 한다.

관리와 군인들이 공공연히 입버릇처럼 "국가의 흥망이 경각에 달린 이 순간까지 비협력적인 조선인은 더 이상 기다릴 수 없다"고 말하는 것을 들은 이광수는 일본이 전쟁에서 질 경우 퇴각하며 대학살을 벌이는 것은 아닐까 진심으로 걱정했다.

그런 명부가 실재했는지는 분명하지 않다. 그러나 이 무렵 일본에서는 문학 관계자들 사이에 '집필 금지자 명부'에 관한 말이 돌았고, 또 그 말을 믿었다는 사실을 많은 사람이 증언하고 있다. 식민지의 경우에는 그것이 '학살자 명부'였던 것이다.

'대동아전쟁'하의 '역할'

'서양에 대한 반발'의 부상

'대동아전쟁'이라는 명칭은 서양의 식민지 지배로부터 동양을 해방시키는 정의로운 전쟁이라는 성전聖戰 이데올로기를 함축하고 있다. 그래서 전후戰後 총사령부GHQ에서 사용을 금지한 이래 현재는 태평양전쟁 혹은 아시아·태평양전쟁으로 부르는 것이 일반적이다. 그러나 이 책에서는 당대적 맥락에 기반해 이광수의 사고를 이해하기 위해 이 명칭을 그대로 사용하기로 한다.

중일전쟁이 수렁으로 빠져들어 고심하던 일본은 제2차 세계대전에서 독일이 압도적인 우세를 보이자 '버스를 놓치지 말라'는 슬로건 아래 독일 및 이탈리아와 남국동맹을 체결해 남진정책南進政策으로 국면을 타개하고자 했다. 미국과 영국이 장제스蔣介石 정부에 지원 물자를 공급하고 있던 인도차이나 반도의 장제스 지원 루트를 차단하는 동시에, 유럽에서 전쟁을 치르느라 종주국이 부재한 인도네시아와 싱가포르를 압박해 천연자원을 확보하고자 했던 것이다.

이에 대한 대의명분으로 내세운 것이 '아시아의 해방'이었다. 동아시아의 '동아'에 동남아시아가 더해져 아시아는 '대동아大東亞'가 되었다. 대동아의 맹주인 일본이 서구 세력의 지배를 받고 있는 대동아의 제 지역을 '해방'시키는 한편, 도의道義에 기초한 신질서를 건설해 공존공영을 도모해야 한다는 것이 '대동아공영권'의 대의였다.

1941년 12월 8일 '대동아전쟁'이 발발하자 이러한 대의명분에 호응해 이광수의 마음속에 내재해 있던 서양에 대한 반발심이 머리를 쳐들었다.

전쟁 발발 6일 후인 12월 14일 경성의 부민회관에서 열린 강연회에서 〈사상과 함께 영미를 격멸하라〉라는 제목으로 강연에 나선 이광수는 국가조차 개인의 행복을 추구하는 수단으로 삼는 '영미식 자유주의'를 공격했다. 그리고 이듬해 2월 잡지 《신시대》에 실린 주요한과의 좌담에서는 일찍이 1915년에 썼던 논설 〈공화국의 멸망〉을 언급하며, "내가 어렸을 적의 고향이 영미식 자유주의 풍조로 그만 옛 자취가, 옛 순풍양속淳風良

俗이 없어져간다는 이야기를 적은 것"이라고 회상하면서 '영미식 자유주의의 해독'을 비난했다.

1942년 11월, 바로 뒤에 언급할 제1회 대동아문학자대회에서는 '자기를 추구하는 로마의 권리사상'의 반대편에 '자기를 버리는 대동아정신'을 두고, 이를 "자기의 모든 것을 천황에게 받들어 올리는 일본정신"이라고 하며 천황을 찬미했다.

이윽고 1944년에 열린 제3회 대동아문학자대회에 이르면, 천황 숭배도 일본정신 예찬도 모습을 감추고 서양 혐오의 어조만이 두드러진다. 동양문화의 우위를 주장하고 '영미류' 문학을 매도하는 열에 들뜬 듯한 문장에는 "그들의 이른바 행복이란 인간의 동물적 본능의 만족을 의미"한다든가 "영미인의 막다른 극한을 나타낸 경전은 다윈의 진화론", "생존경쟁이 그들의 세계관" 등의 표현에서 볼 수 있듯이, 젊은 시절 그가 심취했던 동시에 혐오해온 사상의 잔해가 떠돌고 있다.

이 무렵 이광수의 대일협력은 '아시아의 해방'이라는 대동아공영권의 이상에 이전부터 그의 내부에 잠재해 있던 서양에 대한 반발이 호응함으로써 한층 더 확신에 찬 형태를 취해갔던 것이다.

대동아문학자대회 참가

일본의 문학자들이 국책에 협력하기 위해 만든 공적公的 조직인 일본문학보국회는 정보국의 지도하에 1942년 5월 창립되었다. 일본문학보국회의 주요한 사업 중 하나가 대동아문학자대회였는데, 제1회와 제2회는 1942년 11월과 1943년 8월에 각각 도쿄에서, 제3회는 1944년 11월에 난징南京에서 개최되었다. 제4회는 신징新京(지금의 창춘長春)에서 개최될 예정이었으나 개최되기 전에 패전을 맞았다. 이광수는 제1회와 제3회 대회에 참가했다.

제1회 대회 때 일본군은 이미 미드웨이 해전에서 대패하고 과달카날에서 고전하는 중이었으나, 이러한 정보는 차단되어 사람들은 의기충천한 상태였다. 일본 대표의 한 사람으로 조선에서 참가한 이광수는 주최 측에서 마련한 많은 행사에 참가하는 한편, 일본인 작가들과 교류한 일을 기행문 〈삼경인상기三京印象記〉(《분가쿠카이文學界》, 1943.1)에 남겼다.

이광수가 1940년 2월 제1회 조선예술상을 수상한 것은 앞서 언급했거니와, 이 상은 모던니폰샤의 사장 마해송馬海松이 모회사인 분게이슌쥬샤의 기쿠치 간에게서 자금을 끌어다 창설한 문학상이다. 문학상이 출판사의 판매 전략인 것은 예나 지금이나 마찬가지여서 모던니폰샤는 이광수의 단편집《가실》, 장편《유정》그리고《사랑》의 전·후편을 잇달아 번역·간행해 이광수의 이름을 팔기 시작했다.

기쿠치 간이 고바야시 히데오와 함께 문예총후운동 차 조선에 온 것은 바로 이 1940년 여름의 일이다. 그들은 이때 이광수에게 원고 집필을 부탁했고, 이광수는《분가쿠카이文學界》에 앞서 언급한〈행자〉,《분게이슌쥬文藝春秋》에〈얼굴이 변한다顔が變る〉등의 수필을 썼다. 이러한 인연으로 1942년 11월 제1회 대동아문학자대회 참가 차 도쿄에 간 이광수는 주로 분가쿠카이 인사들과 교류했다.

기쿠치 간은 이광수의 소설을 번역한 단행본이 좀처럼 일본 문단의 주목을 받지 못하자 걱정하고 있었던 듯하다. 그는 도쿄에서 소설을 팔 작정이라면 도쿄의 문인들과 만나두는 것이 좋다, 얼굴을 모르면 서평도 써주지 않는다고 이야기하며 이광수를 츠키치築地의 요정으로 안내하고는 그곳에서 가타오카 뎃페이片岡鐵兵, 가와카미 데츠타로, 요코미츠 리이치橫光利一, 요시카와 에이지吉川英治, 후나바시 세이치船橋聖一, 하야시 후사오林房雄를 소개해주었다. 3일 후 이번에는 하야시 후사오에게 붙들려 고바야시 히데오, 아오야마 지로靑山二郎 등과 취하도록 마시고, 그대로 하야시의 가마쿠라鎌倉 자택에서 묵었다.

괴로움의 토로에 대한 비난

대동아공영권의 작가들에게 '일본 문화의 참모습을 인식시키다'는 대동아문학자대회의 목적에 따라 참가자들은 대회가 끝난 후 이세伊勢, 나라奈良, 교토京都의 사찰을 견학했다.

타이완의 하마다 하야오浜田隼雄가 남긴 〈대회의 인상大會の印象〉이라는 글에는 나라호텔에서의 이틀째 저녁, 호텔 바에서 이광수가 가와카미 데츠타로와 구사노 신페이草野心平 사이에 끼어 비난받고 있는 모습이 나온다. 반도 작가로서의 괴로움을 토로하는 이광수에게 구사노가 도대체 어쩔 작정이냐고 눈물을 쏙 빼게 비난했다고 한다.

1943년 3월 《국민문학國民文學》(1941년 11월 창간된 국책 문학 잡지. 애초에 조선어와 일본어 지면이 공존했으나 이 무렵에는 일본어 전용이 된다)에 실린 좌담회 기사 〈신반도문학에의 요망新半島文學への要望〉에서 가와카미는 당시 이광수가 여기저기서 어떻게 트집을 잡을까 노리고 있으니 트집잡히지 말아야겠다는 생각에 괴롭다, 그런 괴로움에 비하면 '야마토大和 민족으로 다시 태어나고' '좋은 문학을 쓰는' 것 등은 오히려 쉬운 일이라고 이야기했던 일을 언급하고 있다.

이러한 가와카미의 발언에 기쿠치 간은 "우리들도 마찬가지다. 트집잡히는 것은 아닐까라는 생각이 문학을 위축시키고 있다. 내지나 조선이나 그것은 마찬가지"라고 응수했다. 식민지 작가의 깊은 고뇌가 기쿠치에게 얼마나 전달되었던 것일까.

술을 마시며 이광수에게 직접 이 이야기를 들었던 가와카미는 1943년 1월 《분가쿠카이》에 발표한 〈대동아문학자대회 전후大東亞文學者大會前後〉에서 "가야마 씨가 자기 고백을 우리들에게는 불필요한 다짐 투로 강조할 때, 우리들은 씨의 표정에서 어떤 참혹한 그늘을 읽게 되어 정신이 아득해지는 것이었다"고 썼다.

한편 이광수는 이때 중학시절의 친구 야마사키 도시오와 재회했다. 이광수가 출판사에 의뢰해 모던니폰샤에서 나온 책을 야마사키에게 보낸 일이 있는데, 신문을 통해 이광수가 도쿄에 온 것을 알게 된 야마사키가 호텔로 찾아왔던 것이다. 당시 야마사키는 쇼우치쿠 소녀가극단松竹少女歌劇團의 문예부원이었다. 스에히로에서 비프스테이크를 먹으면서 야마사키가 중학시절에 쓴 단편 〈크리스마스 전날 밤〉에 대한 이야기를 꺼내자 이광수는 자신에 대해 어떻게 쓰든 상관없다, 사람에게 가장 중요한 것은 서로에게 마음으로 다가서는 것 아니겠느냐며 그의 손을 잡았다고 한다.

학병 지원 권유—일본유학생권유단

이광수의 대일협력행위 중 첫 번째로 거론되는 것이 '학병 지원 권유'다. 그러나 그 구체적인 내용에 대해서는 그다지 알려져 있지 않다.

1943년 10월 일본 정부는 만 20세 이상 학생들의 징병 유예猶豫를 칙령勅令으로 정지하고, 그때까지 징병에서 면제받았던 학생들을 전쟁터로 내보냈다. 이른바 학도 출진學徒出陣이다. 그러나 당시까지 징병제도가 없었던 조선과 타이완의 학생들은 유예 정지 대상이 아니었다. 따라서 일본 정부는 성령省令을 통해 지원이라는 형식으로 그들을 징집하기로 결정했다. 조선에서는 1944년부터 징병제도가 실시될 예정이었지만, 학도 출진이 1년 먼저 시행되었던 것이다.

접수 기간인 11월 10일까지 조선총독부는 온갖 수단을 동원해 학병 지원을 강제했다. 결국 조선에서는 지원 대상 학생이 전부 '지원'하게 되었지만, 조선총독부의 강권이 미치지 않는 일본 본토에서는 지원자 수가 늘지 않았다. 이에 당시 지원 창구였던 조선장학회는 조선의 유명 인사들을 통해 유학생을 설득하도록 해달라고 조선총독부에 요청했다.

급작스레 경성에서 명사 12인의 이름으로 일본유학생권유단이 조직되었고, 이광수는 최남선과 함께 11월 8일 경성을 떠났다. 그들은 간사이關西 지역 학생들에게 학병 지원을 권유한 후 도쿄로 가서 메이지대학 강당에서 강연회를 열었다. 그리고 간다 니시키초錦町의 숙소에 찾아온 유학생들과 무릎을 맞대고 앉아 지원을 권유했다. 이때 이광수는 병으로 몸져누워서까지 학생들을 설득했다.

학병 지원 권유에 나선 것은 이광수가 포함된 일본유학생권유단만이 아니었다. 강덕상姜德相의 《또 하나의 바다의 목소리—조선인학도출진もう一つのわだつみのこえ 朝鮮人學徒出陣》에 따르면, 모교, 고향, 종친회, 동창회, 마을 유지단有志團 등 "지연, 혈연, 학연 등의 온갖 인간관계를 배경으로 한 '사절使節'이 잇달아 바다를 건너가" 학병에 지원하라고 유학생들을 설득했다. 그 정도의 압력이 조선총독부에서 하달되었던 것이다.

1948년에 집필한 회상록 《나의 고백》에서 이광수는 당시 학병 지원을 권유했던 이유에 대해 다음과 같이 썼다.

(일본은 – 인용자) 대학·전문학교에 조선 학생이 입학하는 것을 종래에도 여러 가지 수단으로 제한하여 왔다. 더욱 그 제한을 심하게 할 것이다. (중략) 우리 자녀들이 대학·전문학교에서 배척된다면 그것은 큰일이 아닐 수 없다.

징용이나 징병으로 가는 당자들은 억지로 끌려가면 대우가 나쁠 것이니 고통이 더할 것이요, 그 가족도 그러할 것이다. 그러나 자진하는 태도로 가면 대우도 나을 것이요, 장래에 대상으로 받을 것도 나을 것이다.

1942년 5월 조선총독이 된 고이소 구니아키小磯國昭(1880~1950)*는 학생들을 황민화시키지 않으려는 학교나 황민화하지 않는 학생은 불필요하다는 뜻을 담은 협박성 담화를 발표했다. 또한 한때 제자들에게 '내선우정'을 호소했던 경성제대 교수 오타카 도모오도 한 신문에서 대학이 간부로 쓸 수 없는 학생을 받아들일 필요는 없다고 주장했다. 조선인 제자가 학교에서 쫓겨나는 사태가 현실화되고 있는 상황이었던 것이다.

어느 쪽이 되었든 일본인 학생이 전쟁터로 보내진 마당에 조선인 유학생만 학교에 남아 있을 수는 없었다. 지원하지 않은 유학생은 '비국민非國民'이라는 낙인이 찍혀 휴학·퇴학하거나 제적되었다. 혹은 뒤늦게 지원하여 군대에서 비참한 대우를 받

---

* 1900년 육군사관학교 졸업 후 러일전쟁에 종군한 이래 육군차관을 거쳐 육군대장, 조선군사령관, 조선총독 등을 역임했다. 조선총독 재임 기간 중에는 1942년 10월 조선어학회사건을 조작해 독립지사를 검거하는 한편, 1943년 8월 징병제, 이어서 11월 학도병 지원병제 등을 실시했다.

앉고, 그렇지 않으면 조선총독부로 송환되거나 일본에서 노동에 종사하며 감시 처분을 받았다.

민족 생존을 위한 고민

이 무렵 이광수는 어떤 생각을 했을까. 최근 학병 지원 권유 강연 당시 교토에서 이광수의 강연을 들었다는 인물의 인터뷰 기사가《조선일보》(2014.10.19)에 실렸다.

그는 이 인터뷰 기사에서 당시에는 조선의 독립 같은 것은 누구도 상상할 수 없었다며 문학자로서의 이광수를 재평가해 달라고 호소했다. 놀라운 것은 이같이 호소한 92세의 김우전金祐銓 씨가 광복회光復會의 전前 회장이었다는 사실이다. 광복회란 독립운동가와 그 유족 약 7,000명이 회원으로 가입되어 있는 단체로서, 한국 정부 수립 후 '친일파'가 청산되지 않은 것이 한국의 역사를 왜곡시켰다고 주장하며 지금도 대일협력자를 규탄하고 있는 단체이다.

유소년시절부터 이광수의 저서를 애독했다는 김우전 씨는 당시 리츠메이칸立命館대학의 학생이었다. 이광수는 "당신들이 희생하고 공을 세워야 우리 민족이 차별을 안 받고 편하게 살

수 있다. 조선 민족을 위해 전쟁에 나가라"는 내용의 연설을 했고, 이 이야기를 들은 김우전 씨는 이광수가 민족의 생존을 위해 고민하고 있는 것을 느꼈다고 한다. "이광수의 친일에는 민족을 위한 고민이 있었다는 겁니까"라는 기자의 질문에 그는 "있었겠지요. 나는 그런 고민을 봤던 거지요"라고 대답했다.

학병 지원 마감일이 지나 대학이 폐쇄되자 조선으로 돌아온 김우전 씨는 일본군 사령부까지 찾아가 학병에 지원했다. 그리고 전선으로 보내졌으나 탈출해 충칭重慶에서 대한민국임시정부 주석 김구金九의 비서가 되었다.

당시 도쿄에서 이광수의 강연을 듣고 그의 숙소를 방문하기도 했던 불문학자 김붕구金鵬九는 〈신문학 초기의 계몽사상과 근대적 자아〉(1964)라는 논문에서 "그의 애국과 민족주의 사상에 티끌만큼도 위선은 없었다"고 썼다. 그러나 바로 그렇기 때문에 그에게 이광수는 "건드리면 신경성의 어떤 아픔을 일으키는 상흔傷痕"이었다. 상처의 근원을 '민족주의'에서 찾았던 그는 이광수가 평생 '민족의식'이라는 병을 앓고 있었다고 진단했다.

한편 학병 지원 권유를 마치고 집으로 돌아온 이광수는 와세다대학에서 받은 졸업 증서를 자식들에게 보여주었다고 한다. 대학 당국이 학병 지원 권유 공적을 인정해 1919년에 제적되었던 이광수에게 명예졸업장을 수여했던 것이다.

일본어 소설을 집중적으로 쓴 1년

이광수의 일본어 소설

이광수의 대일협력행위 가운데 학병 지원 권유 다음으로 거론되는 것이 '일본어로 쓴 친일소설'이다.

이광수는 1940년 7월 일본어 소설 〈진정 마음이 다가서야말로〉의 연재를 중단한 후 3년간 일본어 소설을 쓰지 않았다. 조선어로 글을 쓸 수 있는 지면이 협소해지는 가운데에서도 그는 계속해서 조선어 소설을 썼다. 장편 《세조대왕》(1940)을 썼고, 〈봄의 노래〉(1940~1941)를 잡지에 연재했으며, 총동원체제하에 총독부가 언론을 통폐합함으로써 다시금 유일한 조선어 매체가 된 《매일신보每日新報》(《매일신보每日申報》의 후신後身)에 《원효대사元曉大師》(1942)를 연재했다. 《원효대사》는 해방 후 1948

년에 단행본으로 간행되어 커다란 인기를 얻었다.

최근에는 이광수가 1945년까지 《방송지우放送之友》와 《일본부인日本婦人(조선판)》 등의 잡지에 쓴 조선어 단편이 조금씩 발굴되었다. 《방송지우》는 조선방송협회가 발행하던 잡지이고, 《일본부인(조선판)》은 일본에서 2,000만 명의 회원을 자랑하던 대일본부인회大日本婦人會 기관지의 조선판이다. 일본어 강제가 강화되었으나 현실적으로 민중은 조선어로 쓴 소설밖에 읽을 수 없었고, 당국은 민중의 전의戰意 고양高揚을 위해 소설을 필요로 했다. '방공소설', '근로소설', '가정소설' 등의 이름이 붙은 이들 단편에 이광수는 검열을 의식하면서 민중의 생활에 녹아들어 있던 조선의 전통을 그려냈다.

이광수가 일본어 소설을 집중적으로 쓴 것은 1943년 10월부터 1944년 10월까지의 1년간이다. 집필 이유도 비교적 분명하다. 이 1년간 그는 〈가가와 교장加川校長〉, 〈파리蠅〉, 〈군인이 될 수 있다兵になれる〉, 〈대동아大東亞〉, 《40년四十年》, 〈원술의 출정元述の出征〉, 〈소녀의 고백少女の告白〉 등 일곱 편의 일본어 소설을 썼다. 이 가운데 자전적 소설 《40년》은 장편으로 기획했으나 연재 3회 만에 중단되었고, 〈원술의 출정〉은 《삼국사기三國史記》에 나오는 화랑花郞 이야기에서 제재題材를 취한 역사소설이다.

여기서는 나머지 다섯 편의 일본어 소설을 간단히 소개하고

자 한다. 이들 소설에는 다분히 사소설적인 면모가 포함되어
있어 당시 이광수의 내면을 들여다보는 데 도움을 준다.

〈가가와 교장〉

〈가가와 교장〉은 1943년 10월 《국민문학》에 발표되었다. 주
인공인 가가와 교장은 H읍 근교에 신설된 K공립중학의 교장
으로 학교 운영에 분투하고 있는 성실한 교육자다. 어느 날 우
등생인 조선인 학생 기무라木村가 경성에 있는 중학교의 입학
시험을 보기 위해 성적 증명서를 요구한 사실을 알게 된 그는
유망한 학생을 잃게 되었다는 생각에 실망하지만, 기무라의 어
머니가 전학 수속 서류를 받으러 오자 선선히 건네준다. 가가
와의 인격에 감격한 기무라의 어머니는 울면서 돌아간다.

이 소설이 발표된 해 봄, 이광수의 아들 이영근 씨는 경성중
학에 진학할 각오로 입학시험을 준비했다가 몸 상태가 좋지 않
아 실패하는 바람에 경성에서 중학교에 입학할 시기를 놓치고
만다. 평양 가까이에 이제 막 신설된 강서중학江西中學이라면
아직 입학 기회가 있다는 이야기를 들은 이광수는 아들과 둘이
강서중학 근처로 이사하여 아들을 강서중학에 입학시켰다. 그

리고 2학기에는 아들을 경성의 중학교에 전학시켰다. 이광수는 아들을 받아들여준 학교를 위해 아들이 졸업할 때까지 강서중학에 보내고 싶었지만, 아내가 강력히 전학을 주장하는데다이 무렵은 그의 병까지 악화되어 어쩔 수 없었던 듯하다. H읍(헤이조, 平壤)에서 가까운 시골의 신설학교 K공립중학(강서중학)의 성실한 교장을 주인공으로 삼은 〈가가와 교장〉은 아들이 신세졌던 강서중학 관계자에 대한 오마주였던 셈이다.

　이광수의 아들 이영근 씨는 나중에 미국에서 물리학박사를 취득하고 대학 교수가 된다. 6학년 때의 담임이 경성중학 진학을 권한 이유는 그가 우수했기 때문일 것이다. 그런 그가 시험에 실패한 데는 당시 조선인 학생에 대한 문호(門戸)가 부당하게좁았던 교육 차별의 문제가 가로놓여 있다. 경성중학에 다니던조선인 학생은 한 반에 한두 명이었다고 한다. 훗날 《나의 고백》에서 "(일본은 - 인용자) 대학과 전문학교에 조선인 학생의입학을 종래에도 다양한 수단으로 제한해왔다"고 썼던 이광수는 수험생 부모로서 이를 통감한 경험을 갖고 있었던 것이다.

〈파리〉

〈파리〉는 〈가가와 교장〉이 발표된 1943년 10월 국민총력 조선연맹의 기관지 《국민총력國民總力》에 게재되었다. 이른바 '파리박멸 캠페인 소설'로서, 주인공이 시골에서 중학생 아들과 둘이 살고 있는 이야기 설정으로 보아 강서에 있을 당시 이광수 자신의 경험을 토대로 쓴 듯하다.

연령 제한 탓에 애국반의 근로봉사에 나가지 못한 주인공이 그 대신 애국반 사람들의 집을 돌아다니며 파리를 잡아 하루 동안 총 "7천팔백구십오 마리의 파리 죽이기를 완료"한다.

그렇다. 죽이는 것이다. 박멸하는 것이다. 일본 전역에서 파리라는 종족을 절멸시켜라. 온 세계의 파리를 절멸시켜라. 그들로 하여금 좋은 생명으로 다시 태어나게 하라.

반바지와 반소매 차림에 운동화를 신고 아이의 밀짚모자를 쓴 노인이 전쟁터에서나 볼 수 있는 '견적필살見敵必殺'의 태세로 파리를 죽이며 이렇게 외치는 모습에는 골계와 동시에 섬뜩함이 느껴진다. 〈파리〉는 이광수가 쓴 일본어 소설의 걸작이다.

오산학교시절에는 동회 일을 맡아 집집마다 돌아다니며 위생 지도에 나섰고, 민족개조의 목표 가운데 하나로 위생사상을 제시하기도 했던 이광수에게 파리는 평생의 원수이자 깊은 인연을 가진 생물이었다. 그의 소설에는 파리가 소도구로서 자주 쓰이고 있는데, 장편 《천안기千眼記》(1926)에는 파리가 조연으로 등장하고 있을 정도이다.

〈군인이 될 수 있다〉

〈군인이 될 수 있다〉는 〈가가와 교장〉과 〈파리〉에 이어 1943년 11월 일본 잡지 《신타이요新太陽》에 발표됐다. 이광수가 일본유학생권유단의 일원으로 학병 지원 권유 차 도쿄에 갔던 때였다. 《신타이요》는 《모던니폰モダン日本》이라는 다분히 서구적인 예전 잡지의 명칭을 고쳐 속간한 것으로, 마해송이 계속 사장을 맡고 있었다.

〈군인이 될 수 있다〉는 14년 만에 경성을 방문한 지인이 주인공에게 마침내 아드님도 군대에 갈 수 있다고 축하를 건네는 장면으로 시작한다. 바로 전해에 조선에 징병제를 실시할 예정이라는 군 당국의 발표가 있었던 까닭이다. 주인공은 지인에게 아들이 소학교에 들어가기 전 갑자기 패혈증으로 죽은 일, 마지막 순간까지 군대에 가고 싶어 했던 일을 담담하게 이야기한다. 그리고 집으로 돌아가는 길에 만감이 교차한 그는 아무도 없는 밤길에서 돌연 "군인이 될 수 있다!"고 외친다. 이제부터는 조선의 아이들도 당당한 군인이 될 수 있다는 감격의 외침인 것이다.

이 소설이 발표되기 바로 전해인 1942년 5월 일본 내각은 1944년부터 조선에 징병제도를 실시한다고 공표했다. 그리고 이 소설이 발표되기 바로 한 달 전인 10월에는 학도 출진이 시작되어 앞서 언급한 것처럼 조선 학생의 학병 '지원'이 강제되었다. 아마도 이광수는 일본에 유학 중이던 징병 대상 학생들에게 읽히려고 〈군인이 될 수 있다〉를 일본 잡지에 발표했을 것이다.

소설에는 군대놀이를 하던 채로 낮잠에 빠진 두 아들의 모습을 본 아버지가 이 아이들은 커서도 군인이 될 수 없다는 생각에 암담해하는 일화가 등장하는데 이는 실화이다. 1932년 3월 이광수는 동우회 기관지 《동광》에 발표한 수필 〈어린 두 병졸〉에서 이 장면을 그대로 묘사한 일이 있다. 이광수는 민족이 자립하려면 군대가 불가결하다고 믿고 있었다. 그래서 피할 수 없다면 민족의 실력을 기르기 위해서라도 징병을 군사 훈련을 받을 수 있는 기회로 여겨야 한다고 생각했던 것이다.

〈대동아〉

〈대동아〉는 〈군인이 될 수 있다〉에 이어 다음 달인 1943년 12월 재조 일본인 잡지 《록기》에 발표되었다.

〈대동아〉는 와세다대학에서 동양사를 강의하는 가케이 가즈오筧和夫의 딸 아케미和美와 가즈오의 중국인 제자 범우생范于生의 사랑을 이른바 '대동아공영권' 이념과 중첩시켜 그린 위풍당당한 연애소설이다. 가즈오와 중국 대륙에서 일본의 입장과 대동아전쟁의 대의에 대해 오랜 시간 대화를 나누던 우생은 선생의 말이 진실임을 알게 되면 돌아오겠다는 말을 남기고 중국으로 귀국한다. 그리고 5년 뒤인 1943년 11월 3일, 우생을 기다리는 아케미 앞으로 나가사키長崎에 도착했다는 우생의 전보가 도착한다.

우생의 전보를 읽은 아케미는 "일본의 성실함은 마침내 범우생이라는 한 청년의 마음을 얻은 것이다. 그것은 이윽고 십억 아시아의 마음을 얻는 연줄이 될 것"이라고 기뻐한다. 이러한 아케미의 기쁨은 연애 감정과는 전혀 무관한데, 그 배경에는 이틀 뒤인 11월 5일 도쿄에서 열릴 예정이었던 대동아회의가 자리하고 있다. 소설은 대동아공영권 각국에서 수뇌들이 모인 이 회의에 대해 한 마디도 언급하고 있지 않지만, 당시의 독자들은 분명히 알고 있는 사실이었다.

　일본과 중국 젊은이의 연애를 통해 대동아공영권의 이상을 형상화한 이 소설은 몹시 왜곡된 인상을 준다. 특히 가케이 가즈오가 제자인 우생에게 대동아공영권의 대의를 장황하게 설명하고 있는 대목이 그러하다. 가케이 가즈오라는 이름은 당시 광신적인 국수주의자國粹主義者로 유명했던 전前 도쿄제국대학 법학부 교수 가케이 가즈오筧克彦에게서 따온 듯하다. 이 인물의 광적인 이미지를 가케이 가츠히코에게 부여함으로써 이광수는 1943년, 당시 일본에 팽배했던 국수주의적인 공기를 소설 안에 불어넣었던 것이다.

　〈대동아〉에는 당시 일본의 모습이 희화화 직전의 상태로 그려져 있다. '거짓말을 하지 않는다'는 좌우명에 따라 대일협력 행위를 할 때조차 진지한 태도를 잃지 않았던 작가 이광수가 강요된 대동아공영권의 대의를 제국의 언어 그 자체로 작품화했을 때 펼쳐진 것은 논리가 존재하지 않는 왜곡된 세계였다. '시대의 그림'을 그리는 작가이고자 했던(1917) 이광수는 〈대동아〉에 당대 '제국'의 모습을 있는 그대로 반영했던 것이다.

〈소녀의 고백〉

이광수의 마지막 일본어 소설 〈소녀의 고백〉은 1944년 10월 《신타이요》에 발표되었다. 이해 7월에는 사이판 섬이 함락되어 도조 히데키東條英機(1884~1944) 내각이 총사직하고 도쿄 사람들도 소개疏開를 서두르던 무렵이었다. 그러나 《신타이요》의 사장 마해송은 조선인이라 도망친다는 말을 듣고 싶지 않아서 연일 계속되는 공습을 견디며 회사를 지키고 있었다.

〈소녀의 고백〉은 어려서 일본에 와 일본어밖에 모르는 조선인 소녀 노부코信子가 작가에게 보낸 일본어 편지 형식을 취하고 있다. 노부코는 일본과 조선의 고대사에 밝은 다니무라谷村 노인에게 나라와 교토의 사찰에 남아 있는 영광스러운 고대 조선에 관한 이야기를 듣고 민족적 자각을 갖게 된다. 그리고 그녀에게 사랑을 약속했던 다니무라의 아들 가츠마로克磨에게 버림당한 후 민족을 위해 살기로 결심한다.

당시 일본에 건너온 조선인 가운데에는 노부코처럼 일본어밖에 모르는 '재일 조선인 2세'가 이미 출현하고 있었다. 이광수는 그런 동포들에게 민족의 긍지를 전하려고 일본어로 이 소설을 썼을 것이다. 재일 조선인 가정에서 일어나는 세대 간의 격차, 모어母語인 조선어를 모르는 세대의 정체성 문제에 주목하고 이를 우려했던 것이다.

가족을 조선으로 보내고 홀로 회사를 지키던 마해송은 〈소녀의 고백〉이 실린 《신타이요》가 간행되고 3개월 후인 1945년 1월 마침내 일본에서의 생활을 단념하고 조선으로 귀국했다.

춘원의 망상

1944년 11월 이광수는 난징에서 열린 제3회 대동아문학자 대회에 참석했다. 이때 그와 동행했던 평론가 김기진金基鎭은 1974년 《동아일보》에 연재한 회상기 〈편편야화片片夜話〉에서 다음과 같은 일화를 소개하고 있다.

당시 숙소에서 이광수와 한 방에 들었던 김기진은 이광수에게, 일전에 춘원 당신이 《경성일보》에 조선 사람의 이마를 바늘로 찌르거든 일본피가 나올 만큼 조선인은 일본정신을 몸속에 넣어야 한다는 글을 썼고, 이를 읽고 분개한 현상윤이 여러 사람이 있는 좌석에서 이를 비난하자 아무런 대답도 못하더라는 이야기를 들은 일이 있는데, 그게 사실이냐고 물었다. 그러자 이광수가 사실이라고 하면서 이런 이야기를 했다고 한다.

조선인은 일본인보다 우수한 민족이다, 따라서 조선인이 선거권을 가지고 국정國政에 참여한다면 조만간 문부대신文部大臣도 나오고 재무대신財務大臣도 나올 것이다, 그러면 일본인은 이러다 조선인이 일본을 장악할 날이 멀지 않을 것이라는 생각에 '합방' 한 것을 취소하자고 할 것이다, 이때 우리는 못 이기는 체하고 조선반도를 일본에서 되찾아 독립한다, "나는 앞일을 이렇게 내다보기 때문에 지금 일본인이 조선인을 믿도록 보이기 위해 그런 글을 썼던 거라오"라고……

김기진은 이 이야기를 듣고 어처구니가 없어 "삼척동자도 곧이 듣지 않을 소리"라고 말하곤 전등을 꺼버렸다고 한다. 그는 이 일화에 '춘원의 망상妄想'이라는 제목을 붙였다. 그러나 이 무렵 이광수는 진심으로 그렇게 생각했을 것이다.

'이마를 바늘로 찌르면 일본피가 나올 만큼 일본인이 되라'는 말은 김기진의 회상기를 통해 세상에 알려졌고, 최근에는 소설과 KBS TV드라마에서도 대사로 사용되면서 애초의 맥락은 잊혀진 감이 있다. 조사해보니 위의 일화에 등장하는 문장의 출처는 일본어 신문《경성일보》가 아니라 조선어 신문《매일신보》의〈황민화皇民化와 조선문학〉(1940. 7. 6)이었다. 이어지는 문장은 다음과 같다. "끌려가는 일본 국민이어서는 아니 된다. 구경하는 국민이어서는 아니 된다. 자발적 적극적으로 내지 창조적으로 저마다 신체의 어느 부분을 바늘 끝으로 찔러도 일본의 피가 흐르는 일본인이 되지 아니하여서는 아니 된다."
관점에 따라선 일본인이 되어야 한다는 주장을 구실 삼아 조선
인 독자에게 적극성을 가지라고 호소하고 있다고도 읽힐 수 있
는 문장이다.

VII

해방 후
—'친일'에 대한 비난, 북한군의 연행

해방의 날

1945년 8월 15일 이광수는 사릉思陵에서 해방을 맞았다. 그의 나이 53세였다.

사릉은 단종의 아내인 정순왕후定順王后의 무덤이다. 서울과 춘천을 잇는 경춘선京春線에 사릉역이 있다. 1944년 3월 허영숙은 전란을 피하기 위해 그 근처, 즉 현재 남양주시南陽州市 진건읍眞乾邑 사릉에 터를 사고 작은 집을 지어 이광수를 보냈다. 자식들도 곧 합류해 홀로 효자정에 남아 산원을 지키고 있던 그녀는 종종 가족들을 위해 돈과 음식과 옷을 날라다 주고 첫 기차로 돌아가곤 했다.

조선총독부는 1940년 7월 이광수의 저서를 재검열해 주요

저작을 발매 금지했고, 1944년 11월에는 서점에 나와 있는 책까지 모든 저작을 압수했다. 당시 허영숙이 가족의 생계를 온전히 책임지고 있었던 것이다.

해방 이튿날 아침 이광수는 집 앞 개울가의 모습이 여느 때와 다른 것을 깨달았다. 개울에 자갈을 파러 오던 근로보국대원의 수가 눈에 띄게 줄고, 감독인 일본 병사의 모습도 보이지 않았던 것이다. 어찌된 일인가 생각하고 있는데, 삼종제三從弟 운허耘虛가 마침 그곳에 들렀다. 운허는 이광수가 부모를 잃고 신세를 졌던 재당숙의 장남 이학수다. 그는 독립운동에 관여한 후 승려가 되어 사릉 가까이에 자리 잡은 봉선사의 주지를 맡고 있었다.

이광수는 그에게서 일본 천황이 어제 항복방송을 했다는 소식을 들었다.

개울가는 찌는 듯한 햇볕을 받아 아지랑이가 피어오르고 있었고, 맞은편에는 자갈을 반쯤 실은 열차가 멈춰 서 있었다. 이렇게 이광수는 해방을 맞았다.

《나》와《나의 고백》

허영숙이 서울에서 급히 달려와 몇몇 사람이 이광수의 대일협력행위를 규탄하기 시작한 사실을 전했다. 몸을 숨기라는 허영숙의 간청을 뿌리치고 이광수는 아이들을 서울로 보내고 나서 사릉에서 밭 갈고 책 읽는 생활을 1년 남짓 계속한다. 이광수와 허영숙이 이혼한 것은 이 무렵의 일이다. 이에 대해서는 '후기'에서 자세히 언급하겠다.

이듬해 가을 이광수는 봉선사로 거처를 옮기고, 운허가 세운 광동중학교光東中學校에서 영어와 작문을 가르쳤다. 이 무렵부터 이광수는 다시 붓을 잡았다. 한때는 절필도 생각했으나 역시 그만둘 수 없었던 듯하다. 조금씩 써 모은 문장은 1948년 수필집《돌베개》로 묶여 간행됐다.

1947년 흥사단의 의뢰를 받아 안창호의 전기를 집필하고 그 밖에도 김구의 국한문체 자서전《백범일지白凡逸志》를 현대문으로 고쳐 쓰는 작업을 했지만, 이들 애국자의 책에 이광수의 이름은 실리지 않았다. 이어서 그는 해방 전에 집필을 중단했던 장편《꿈》을 완성시켜 간행했다. 그리고 자전적 창작소설《나》의 집필에 들어가 12월에 '소년편', 이듬해인 1948년 10월에 '스무 살 고개'를 간행했다.《나》의 서문에서 그는 이렇게 썼다.

내가 이 이야기를 쓰는 것은 세상에 빛을 주고 향기를 보내자는 것이 아니다(어찌 감히 그것을 바라랴). 마치 이 추악한 몸을 세상에서 없이 하기 위하여 화장터 아궁에 들어가서 고약한 냄새를 더 지독히 피우는 것과 같다. 한때 냄새가 한꺼번에 나고는 다시 아니 나는 것과 같이 이 이야기로 내 더러움을, 아니 더러운 나를 살라버리자는 뜻이다.

자기가 지은 죄, 성격의 약점, 이상과 유혹과 실패와 재기의 반복을 그리고자 했다는 《나》에서 이광수는 자신의 소년기와 청년기를 노골적일 만큼 적나라하게 그렸다. 마음속에 있던 욕망을 극대화해 그린 까닭에 청년기 부분에는 창작적인 요소가 짙게 가미되어 있다.

《무정》도 그렇지만, 이광수는 자전적인 창작소설에서 항상 자신을 움직이게 한 것을 응시해 있는 그대로 써왔다. 《나》를 끝까지 쓸 수 있었다면 그는 분명 식민지 말기, 그 악몽의 시대에 자신을 움직이게 한 것을 남김없이 그려냈을 것이다. 그러나 이광수에게 그런 시간은 주어지지 않았다.

《나의 고백》

1948년 8월 15일에 대한민국 정부가, 9월 9일에는 조선민주주의인민공화국이 수립되었다. 항상 사회주의에 반대하는 입장을 취했던 이광수는 대한민국 정부를 지지했다.

대한민국 정부 수립에 앞서 헌법이 제정되었다. 이광수는 이 헌법 공포식公布式 중계방송을 듣고 〈나는 독립국 자유민이다〉라는 장시長詩를 썼다. 조선이 청의 속국이던 시대부터 청일·러일전쟁, 한일병합, 독립, 대한민국 정부 수립에 이르기까지의 오랜 도정을 소리 높여 노래한 이 시에서 이광수는 일본과 싸운 미국은 몰라도 왜 러시아가 관여하느냐며 소련에 대한 불쾌감과 적대감을 드러내는 한편, 학생과 노동자에게 정부에 대한 온건한 지지를 호소했다. 그리고 마지막으로 아래와 같이 대한민국에 대한 열렬한 지지를 표명했다.

나는 죄인. 비록 대청大淸 광서光緖에 나고
메이지明治 다이쇼大正의 거상 입고
아마테라스天照, 쇼와昭和에 절한 더러운 몸이언마는
건국 선거에 투표하는 날
조국은 나를 용납하여 불렀다
7월 17일 헌법 공포식 중계방송 듣고
흘린 감격의 눈물로 먹을 갈아
사는 날까지 조국 찬양의 노래를 쓰련다

그리고 독립국 자유민으로 눈 감으련다

《삼천리》, 1948.8)

대한민국 정부가 수립되고 그다음 달인 9월 대일협력에 나섰던 인물을 처벌하기 위한 반민족행위처벌법이 제정되고, 10월에는 반민족행위 특별조사위원회가 결성되었다.

처벌이 시작되면 이대로 계속 글을 쓸 수 있으리라는 보장이 없었다. 최근의 일을 써두고 싶었던 이광수는 《나》의 집필을 중단하고 《나의 고백》을 집필했다. 《나의 고백》이 간행된 것은 이해 12월의 일이다.

《나의 고백》은 민족주의에 대한 이광수의 공식 기록이라고 할 수 있다. 모두 7장으로 구성되어 있어 차라리 논설에 가깝다. 유년시절 민족적 자의식에 눈뜬 기억을 써내려간 '민족의식이 싹트던 때', 소년시절 오산에서 경험한 '민족운동의 첫 실천', 대륙방랑시절 자신이 만났던 애국지사들을 회상한 기록 '망명한 사람들', 1919년 상하이에서 보낸 날들과 안창호의 흥사단에 관해 서술한 '기미년과 나'. 이어서 '나의 훼절'과 '민족보존' 두 장에서는 자신의 대일협력행위에 대해 이야기하고, 마지막으로 '해방과 나'에서 이 책을 쓰기까지의 경위를 언급하는 것으로 글을 마무리하고 있다.

말미에 붙인 '친일파의 변'

그러나 지나치게 솔직한 고백은 사람들에게 반감을 일으켰다. 특히 물의를 빚은 것은 말미에 '부록'으로 붙인 '친일파의 변辯'이다.

1637년 병자호란이 끝난 뒤 청나라에 포로로 끌려갔던 수백 명의 사대부집 부녀자들이 송환되었을 때 문제가 된 것은 그녀들의 정조貞操였다. 이때 인조仁祖는 중국에서 성안으로 돌아오는 길에 있던 홍제원弘濟院에서 그녀들을 목욕케 하고 그것으로써 정조에 관한 일체의 논의를 불문에 붙였다. 이른바 '홍제원 목욕'이라고 불리는 이 고사를 인용하며 이광수는 민족의 화합을 위해 '친일파'를 용서하자고 호소했다.

이 대목은 자기변호로 간주되어 많은 사람에게 실망과 격분을 안겨주었다. 그러나 이광수는 진심으로 자신의 대일협력은 '친일행위'가 아니라고 믿었고, 그래서 이 글을 썼던 것이다.

《나의 고백》 서문에서 그는 '친일파의 변'은 제3자의 입장에서 쓴 것으로, 자신이 이 글을 쓴 이유는 평소 '친일파' 사람들과 만날 기회가 많아 그들의 심경을 잘 아는 사람으로서 이 글을 쓸 의무를 느꼈기 때문이라고 말하고 있다. 소설을 쓸 때는 단어 하나하나가 독자에게 어떤 인상을 줄지 계산하고, 얄미울 정도로 급소를 찔러 이야기를 전개하는 그가 논설을 쓸 때는 읽는 사람의 감정을 고려하지 않았다. 이 때문에 이광수는 항상 오해를 받았는데, 이 글도 그러한 사례 중 하나이다.

해방 후의 문인 가운데 일제 말기 자신의 행동에 대해 이광수만큼 솔직하게 쓴 사람은 없다. 쓸 수 있을 때 써두자고 생각한 이광수에게는 어쩌면 자신을 기다리고 있는 운명에 대한 예감 같은 것이 있었는지도 모른다.

"나는 민족을 위해 친일했습니다"

1949년 1월부터 반민족행위처벌법 대상자 검거가 시작되었다. 종로의 화신백화점을 경영했던 실업가 박흥식朴興植,《매일신보》사장을 지낸 최린崔麟 등의 유명 인사를 비롯해 전 정치가, 관리, 경찰관 등이 잇달아 수감되었다. 이광수는 최남선과 함께 2월 7일에 검거되었다.

조사위원회의 심문에서 이광수가 진술한 "나는 민족을 위해 친일했습니다"라는 말은 한국에서 너무나 유명하다. '잘못했습니다'라든가 '반성하고 있습니다'라는 말은 거짓말이라고 생각했을 것이다. 그는 "내가 걸은 길은 정도正道는 아니었지만, 그런 길을 통한 민족에 대한 봉사도 있다는 것을 알아"달라고 이야기했다. 그러나 이런 호소는 조사위원회뿐 아니라 일반 사람들에게도 이해받을 수 없었다.

1개월 후인 3월 4일 고혈압으로 보석되었던 이광수는 8월에 불기소 처분을 받았다. 이후 그는 줄곧 참선하는 생활을 보냈다. 가족들은 매일 다섯 시에 일어나 향을 사르고 염주를 손에 든 채 부동자세로 앉아 경을 읽는 그의 모습을 가만히 지켜보곤 했다고 한다.

반민족행위특별조사위원회는 이해 8월까지 600명 이상의 피의자를 조사했지만, 실제로 처벌받은 사람은 얼마 없었다. 그 결과 친일 청산에 대한 불만과 불신은 그 후 한국 정부에 그림자를 드리우게 되었다.

한국전쟁의 발발과 연행

1950년 6월 25일 한국전쟁이 발발했을 때 이광수는 고열을 앓으며 자택에 누워 있었다. 국민은 군과 정부를 신뢰하고 동요하지 말라는 정부의 발표를 믿고 피난하지 않았던 것이다. 그런데 그사이 서울이 북한군에 점령되었고, 이광수는 연행된 채 그대로 평양으로 이송되었다. 평양형무소에 수감되었다가 도망친 어떤 사람이 형무소에서 이광수를 보았다고 이야기한 것이 최후의 목격 증언이다. 그 후 이광수의 생사는 분명치 않았다.

이광수의 자녀들은 1975년 허영숙이 사망한 뒤에도 계속 부친을 찾았다. 이광수가 연행된 지 40년이 지난 1991년, 북한 쪽에서 미국에 살고 있던 이영근 씨에게 연락을 해왔다. 당시 캘리포니아 방문 중이었던 김일성종합대학의 모 교수가 전화를 걸어와 부친의 묘소에 참배하는 것이 가능하다고 말했던 것이다. 7월 베이징을 경유해 북한으로 향했던 이영근 씨는 평양 근교에 있는 부친의 묘로 그를 안내한 인물에게서 이광수가 자강도慈江道의 강계江界에서 노동하던 중 1950년 10월 25일 폐결핵으로 사망했다는 설명을 들었다고 한다.

평양 용성구역의 재북인사릉에 있는 춘원 이광수의 묘.

이영근 씨가 북한을 방문한 이듬해인 1992년은 이광수 탄생 100주년이었다. 3월 3일에 조선일보사에서 성대한 기념 강연회가 개최되었고, 이영근 씨의 북한 방문 소식도 각 신문에 보도되었다. 그런데 이영근 씨가 북한을 방문한 그해 7월 26일에는 《중앙일보》에 이광수의 사망 경위에 대한 또 다른 증언 기사가 실렸었다. 증인은 카자흐스탄의 알마티에 거주하고 있던 인물인데, 기사에 따르면 북한군이 연합군의 추격을 받아 북쪽으로 퇴각하던 중 강계 근처에서 이광수가 동상에 걸려 위독해졌고, 연락을 받은 홍명희가 달려와 자신의 숙소로 데려갔으나 사망했다고 한다. 숙소가 아니라 인민군 병원으로 옮겨졌다는 설도 있지만 분명치 않다.

　중학 유학시절 이광수의 '문학 지도자'이기도 했던 홍명희는 1948년에 북한으로 건너가 부수상에 취임하고, 한국전쟁이 시작되자 김일성을 위원장으로 하는 군사위원회의 위원이 되었다. 그가 이광수의 임종을 지켰다는 이야기는 지나친 우연 같지만, 이광수가 항상 우연한 만남의 수혜자였고 보면 실제로 그런 일이 일어났을지도 모른다. 단 이 모든 이야기는 증언일 뿐이어서 사실 확인은 어렵다.

　실제로 이광수가 강계에서 사망하지 않았다는 설도 있다. 중국 조선족을 대표하는 작가 김학철金學鐵은 1983년 미국에 거주하는 차녀 이정화 씨에게 인편으로 편지를 보냈다. 편지에 따르면 이광수는 1950년 늦가을 중국의 헤이룽장성黑龍江省 무단장구牧丹江區에 찾아왔고, 1952년에 병으로 베이징에 이송되어 베이징병원에서 치료받던 중 사망했다고 한다. 일면식도 없는 이정화 씨에게 일부러 편지를 보낸 김학철은 작가로서 이광수에게 경의를 품고 있었을 것이다. 이광수가 베이징에 머물렀다는 정보가 더 확인되는 까닭에 그가 강계에서 사망한 것이 아니라는 설에는 설득력이 있다. 그러나 이것도 김학철이 직접 본 것이 아니라 전해들은 이야기에 불과하다. 나중에 이영근 씨가 베이징병원을 방문했지만, 기록은 찾아내지 못했다고 한다.

한국 근대문학의 아버지라 불리는 작가가 어디에서, 어떻게 사망했는지 지금까지도 분명하지 않은 것은 한국이 겪어온 격동의 역사를 상징하는 듯하다. 언젠가 북한의 문호가 개방되어 더 많은 사실이 밝혀질 날을 기다리는 수밖에 없을 듯하다.

주요 참고문헌

이광수의 작품

《이광수전집》 전20권, 삼중당, 1962~1963.

《이광수전집 별권》, 우신사, 1979.

(전집에 미수록된 작품은 말미에 붙인 '저자의 연구서와 논문'에서 언급하고 있으므로 생략한다.)

일본에서 간행된 번역 단행본

《端宗哀史·上下》, 日本評論社, 2014.

《無情》, 平凡社, 2005.

興士團出版部編, 《至誠, 天を動かす 島山安昌浩》, 現代書林, 1991.

《金剛山の曙─朝鮮王朝 世祖王》, 靑山社, 1992.

《有情》, 高麗書林, 1983.

《嘉實》, モダン日本社, 1940.

《有情》, モダン日本社, 1940.

《愛·前篇》, モダン日本社, 1940.

《愛·後篇》, モダン日本社, 1941.

일본어 문헌

麻田雅文, 《中東鐵道經營史─ロシアと '滿洲' 1896~1935》, 名古屋大學出版會, 2012.

伊藤虎丸,《魯迅と終末論－近代リアリズムの成立》, 龍溪書舍, 1975.

林鍾國·大村益夫譯,《親日文學論》, 高麗書林, 1976.

嚴谷大四,《非常時日本文壇史》, 中央公論社, 1958.

榮澤幸二,《'大東亞共榮圈'の思想》, 講談社, 1995.

大村益夫·布袋敏博編,《近代朝鮮文學 日本語作品集》, 綠蔭書房, 2001—03.

上垣外憲一,《日本留學と革命運動》, 東京大學出版會, 1982.

姜德相,《もう一つのわたつみのこえ 朝鮮人學徒出陣》, 岩波書店, 1997.

_____,《呂運亨評傳 I 朝鮮三一獨立運動》, 新幹社, 2001.

木村幹,《朝鮮/韓國ナショナリズム '小國'意識》, ミネルヴァ書房, 2000.

木村鷹太郎,《バイロン 文界之大魔王》, 大學館, 1902.

嚴安生,《日本留學精神史》, 岩波書店, 1991.

玄永燮,《朝鮮人の進むべき道》, 綠旗聯盟, 1939.

櫻本富雄,《文化人たちの大東亞戰爭 PK部隊が行く》, 靑木書店, 1993.

_____,《日本文學報國會 大東亞戰爭下の文學者たち》, 靑木書店, 1995.

鈴木敏夫,《出版 好不況下 興亡の一世紀》, 出版ニュース社, 1970.

高見順,《昭和文學盛衰史》, 角川書店, 1967.

武井一,《皇室特派留學生》, 白帝社, 2005.

鄭百秀,《日韓近代文學の交差と斷絶》, 明石書店, 2013.

津田剛,《內鮮一體の基本理念》, 綠旗聯盟, 1939.

中島健藏,《昭和時代》, 岩波書店, 1957.

_____,《回想の文學 1～5》, 平凡社, 1977.

永島廣紀,《戰時期朝鮮における '新體制'と京城帝國大學》, ゆまに書房, 2011.

中村健太郎,《朝鮮生活五十年》, 靑潮社, 1969.

波形昭一他 監修, 《社史で見る日本經濟史 植民地編 第二卷》, ゆまに書房, 2001.

ニム・ウェイルズ, 安藤次郎譯, 《アリランの歌》, みすず書房, 1965.

平野謙, 《昭和文學史》, 筑摩書房, 1963.

廣津和郎, 《續年月のあしおと》, 講談社, 1999.

朴榮喆, 《五十年の回想》, 大阪屋號商店, 1929.

松原一枝, 《改造社と山本實彦》, 南方新社, 2000.

水島治男, 《改造社の時代 戰前編》, 圖書出版社, 1976.

三ッ井崇, 《朝鮮植民地支支配と言語》, 明石書店, 2010.

宮田節子, 《朝鮮民衆と皇民化政策》, 未來社, 1985.

山崎俊夫, 《山崎俊夫作品集》全5卷, 霞都館, 1986~2002.

山本實彦, 《滿・韓》, 改造社, 1932.

羅英均, 《日帝時代, わが家は》, みすず書房, 2003.

魯迅, 《魯迅全集》, 岩波書店, 1986.

和田ともみ, 《李光洙長篇小說研究》, 御茶の水書房, 2012.

《大成七十年史》, 學校法人大成學園, 1967.

《明治學院五十年史》, 明治學院, 1927.

《早稻田大學百年史 第2卷》, 早稻田大學, 1981.

《在日朝鮮人關係資料集成 第1卷》, 三一書房, 1975.

《現代史資料 26 朝鮮 2》, みすず書房, 1967.

《特高・警察關係資料集成 第32卷》, 不二出版, 2004.

《古稀之無佛翁》, 阿部無佛翁古稀祝賀會, 1931.

《モダン日本 朝鮮版 1939・1940》, オークラ情報サービス, 2007.

《綠旗(復刻版)》全16卷, オークラ情報サービス, 2009.

한국어 문헌

강영주, 《벽초 홍명희 연구》, 창작과비평사, 1999.

김영민, 《한국 근대소설의 형성과정》, 소명출판, 2005.

_____, 《문학 제도 및 민족어의 형성과 한국 근대문학》(1890~1945), 소명출판, 2012.

김원모, 《영마루의 구름 – 춘원 이광수의 친일과 민족보존론》, 단국대학교출판부, 2009.

김윤식, 《이광수와 그의 시대》 1·2, 한길사, 1986.

_____, 《일제 말기 한국 작가의 일본어 글쓰기》, 서울대학출판부, 2003.

마해송, 《아름다운 새벽》, 문학과지성사, 2000.

모윤숙, 《렌의 애가》, 서정시학, 2011.

박진영, 《번역과 번안의 시대》, 소명출판, 2011.

서정자 편, 《나혜석전집》, 푸른사상, 2013.

윤홍로, 《이광수 문학과 삶》, 한국연구원, 1992.

이경훈, 《이광수의 친일문학 연구》, 태학사, 2000.

이상경 편, 《나혜석전집》, 태학사, 2000.

이상경, 《인간으로 살고 싶다 – 영원의 신여성 나혜석》, 한길사, 2000.

이정화, 《그리운 아버님 춘원》, 우신사, 1993.

주요한, 《주요한문집 새벽》 I II, 요한기념사업회, 1982.

_____, 《안도산전서》, 범양사출판부, 1990.

최기영, 《식민지시기 민족 지성과 문화운동》, 도서출판 한울, 2003.

최주한, 《이광수와 식민지 문학의 윤리》, 소명출판, 2014.

《남강 이승훈과 민족운동》, 남강문화재단출판부, 1988.

《도산 안창호 자료집》 I·II, 한국 국회도서관, 1998.

〈동우회 관계 문서〉, 《조선총독부 소장 조선인 항일운동조사 기록 희귀문서 마이크로 필름집》, 고려대학 아세아문제연구소 편, 1993.

《삼천리(복간본)》 전32권, 도서출판 한빛, 1995.

《동광(복간본)》 전7권, 아세아문화사, 1977.

저자의 연구서와 논문

전집에 미수록된 작품의 출전 및 본서를 쓰기까지 참고한 연구논문은 이하 저자의 연구서와 논문에 수록되어 있으니 참고하기 바란다.

《《無情》の研究 - 韓國啓蒙文學の光と影》, 白帝社, 2008.

《《무정》을 읽는다 -《무정》의 빛과 그림자》, 소명출판, 2008

《일본 유학생 작가 연구》, 소명출판, 2011.

〈이광수와 야마사키 도시오, 그리고 기쿠치 간 -〈삼경인상기〉에 씌어 있지 않은 것〉, 《사이》 11, 2011.

《韓國近代作家たちの日本留學》, 白帝社, 2013.

《韓國近代文學硏究 - 李光洙·洪命憙·金東仁》, 白帝社, 2013.

〈사이토 마코토 문서와 이광수의 건의서〉, 《근대서지》 8, 2013.

〈李光洙の大陸放浪と中國革命 -《無情》が東京で書 かれたわけ〉, 《日本言語文化硏究》 第3輯下, 延邊大學出版社, 2013.

〈李光洙 - ヤヌスの顔をもった作家〉, 《東アジアの知識人》 第3卷, 有志舍, 2013.

〈이광수의 일본어 창작과 일본문단〉, 《한일 근대어문학 연구의 쟁점》, 연세대 근대한국학 연구소 편, 소명출판, 2013.

〈李光洙と飜譯 - Uncle Tom's Cabin を中心に〉, 《韓國朝鮮文化硏究》 13, 東京大學, 2014.

〈李光洙の日本語小說と同友會事件-〈萬爺の死〉から〈心相觸れてこそ〉へ〉, 《朝鮮學報》 232, 2014.

〈일본어판〈오도답파여행〉을 쓴 것은 누구인가〉, 《상허학보》 142, 2014.

〈李光洙の〈大東亞〉に見る '大東亞共榮圈'〉, 《歷史·文化から見る東アシア共同體》, 創土社, 2015.

〈다카하시 간야 씨와의 인터뷰〉, 《춘원연구학보》 6, 2015.

〈《無情》の表記と文體について〉, 《朝鮮學報》 236, 2015.

〈李光洙の日本語小說-〈加川校長〉と〈蠅〉〉, 《朝鮮學報》 238, 2016.

《異鄕》としての 山崎俊夫〉, 《異鄕としての日本》, 勉誠出版, 2016. 9 豫

부록 – 2·8독립선언서

宣言書[*]

全朝鮮靑年獨立團은 我二千萬 朝鮮民族을 代表하야 正義와 自由의 勝利를 得한 世界萬國의 前에 獨立을 期成하기를 宣言하노라.

四千三百年의 長久한 歷史를 有하는 吾族은 實로 世界最古 文明民族의 一이라. 비록 有時乎 支那의 正朔을 奉한 事는 有하엿으나 此는 朝鮮皇室과 支那皇室과의 形式的 外交的 關係에 不過하엿고, 朝鮮은 恒常 吾族의 朝鮮이오 一次도 統一한 國家를 失하고 異族의 實質的 支配를 受한 事 無하도다. 日本은 朝鮮이 日本과 脣齒의 關係가 有함을 自覺함이라 하야 一千八百九十五年 日淸戰爭의 結果로 日本이 韓國의 獨立을 奉先 承認하엿고, 英, 米, 法, 德, 俄 等 諸國도 獨立을 承認할 뿐더러 此를 保全하기를 約束하엿도다. 韓國은 그 恩義를 感하야 銳意로 諸般改革과 國力의 充實 圖하엿도다. 當時 俄國의 勢力이 南下하야 東洋의 平和와 韓國의 安寧을 威脅할싀 日本은 韓國과 攻守同盟을 締結하야 日俄戰爭을 開하니, 東洋의 平和와 韓國의 獨立保全은 實로 此同盟의 主旨라. 韓國은 더욱 그 好誼에 感하야 陸海軍의 作戰上 援助는 不

---

[*] 1919.2.8. 독립기념관 소장 자료. 원문은 한국독립운동사 정보시스템(http://i815.or.kr)에 소개되어 있다.

能하엿으나 主權의 威嚴까지 犧牲하야 可能한 온갓 義務를 다하야써 東洋平和와 韓國獨立의 兩大 目的을 追求하얏도다. 及其, 戰爭이 終結되고 當時 米國 大統領 루쓰벨트 氏의 仲裁로 日俄間에 講和會議 開設될 시 日本은 同盟國인 韓國의 參加를 不許하고 日俄 兩國 代表者間에 任意로 日本의 韓國에 對한 宗主權을 議定하엿으며, 日本은 優越한 兵力을 持하고 韓國의 獨立을 保全한다는 舊約을 違反하야 暗弱한 當時 韓國皇帝와 그 政府를 威脅하고 欺罔하야 〈國力의 充實함이 足히 獨立을 得할 만한 時期까지〉라는 條件으로 韓國의 外交權을 奪하야 此를 日本의 保護國을 作하야 韓國으로 하야곰 直接으로 世界列國과 交涉할 道를 斷하고 因하야 〈相當한 時期까지〉라는 條件으로 司法警察權을 奪하고, 更히 〈徵兵領 實施까지〉라는 條件으로 軍隊를 解散하며 民間의 武器를 押收하고 日本軍隊와 憲兵警察을 各地에 遍置하며, 甚至에 皇宮의 警備까지 日本警察을 使用하고 如此히 하야 韓國으로 하여곰 全혀 無抵抗者를 作한 後에, 多少 明哲의 稱이 有한 韓國 皇帝를 放逐하고 皇太子를 擁하고 日本의 走狗로 所謂 合倂內閣을 組織하야 秘密과 武力의 裏에서 合倂條約을 締結하니, 玆에 吾族은 建國以來 萬年에 自己를 指導하고 援助하노라 하는 友邦이 軍國的 野心에 犧牲되엿도다.

實로 日本은 韓國에 對한 行爲는 詐欺와 暴力에서 出한 것이니 實로 如此히 偉大한 詐欺의 成功은 世界 興亡史上에 特筆할 人類의 大辱恥辱이라 하노라.

保護條約을 締結할 時에 皇帝와 賊臣 아닌 幾個 大臣들은 모든 反抗手段을 다하얏고 發表後에도 全國民은 赤手로 可能한 온갓 反抗을 다하얏으며, 司法 警察權의 被奪과 軍隊 解散時에도 然하얏고, 合倂時를 當하야는 手中에 寸鐵이 無함을 不拘하고 可能한 온갓 反抗運動을 다하다가 精銳한 日本 武器에 犧牲이 된 者 — 不知其數며, 以來 十年間 獨立을 恢復하라는 運動으로 犧牲된 者 — 數十萬이며, 慘酷한 憲兵政治下에 手足과 口言의 箝制를 受하면서

도 曾히 獨立運動이 絶한 적이 업나니, 此로 觀하여도 日韓合倂이 朝鮮民族의 意思가 아님을 可知할지라. 如此히 吾族은 日本 軍國主義的 野心의 詐欺 暴力下에 吾族의 意思에 反하는 運命을 當하얏으니, 正義로 世界를 改造하는 此時에 當然히 匡正을 世界에 求할 權利가 有하며, 또 世界改造에 主人되는 米와 英은 保護와 合倂을 率先承認한 理由로 此時에 過去의 舊惡을 贖할 義務가 有하다 하노라.

또 合倂 以來 日本의 朝鮮統治政策을 보건대, 合倂時의 宣言에 反하여 吾族의 幸福과 利益을 無視하고 征服者가 被征服者에게 對하는 古代의 非人道的 政策을 應用하야 吾族의게는 參政權, 集會結社의 自由, 言論出版의 自由를 不許하며, 甚至에 信敎의 自由, 企業의 自由까지도 不少히 拘束하며, 行政司法 警察 등 諸機關이 朝鮮民族의 人權을 侵害하며, 公私에 吾族과 日本人間에 優劣의 差別을 設하며, 日本人에 比하야 劣等한 敎育을 施하야써 吾族으로 하야곰 永遠히 日本人의 被使役者를 成하게 하며, 歷史를 改造하야 吾族의 神聖한 歷史的 民族的 傳統과 威嚴을 破壞하고 凌侮하며, 小數의 官吏를 除한 外에 政府의 諸機關과 交通 通信 兵備 諸機關에 全部 或은 大部分 日本人만 使用하야 吾族으로 하야곰 永遠히 國家生活의 智能과 經驗을 得할 機會를 不得케 하니, 吾族은 決코 如此한 武斷專制 不正不平等한 政治下에서 生存과 發展을 享受키 不能한지라. 그쁜더러 元來 人口過剩한 朝鮮에 無制限으로 移民을 奬勵하고 補助하야 土着한 吾族은 海外에 流離함을 不免하고, 國家의 諸機關은 勿論이오 私設의 諸機關에까지 日本人을 使用하야 一邊 朝鮮人으로 職業을 失케 하며, 一邊 朝鮮人의 富를 日本으로 流出케 하고 商工業에 日本人의게는 特殊한 便益을 與하야 朝鮮人으로 하여금 産業的 發展의 機會를 失케 하도다. 如此히 何方面으로 觀하야도 吾族과 日本人과의 利害를 互相背馳하며 背馳하면 그 害를 受하는 者는 吾族이니, 吾族은 生存의 權利

를 爲하야 獨立을 主張하노라.

最後에 東洋平和의 見地로 보건대 威脅者이던 俄國은 이믜 軍國主義的 野心을 抛棄하고 正義와 自由와 博愛를 基礎로 한 新國家를 建設하랴고 하는 中이며, 中華民國도 亦然하며 兼하야 此次 國際聯盟이 實現되면 다시 軍國主義的 侵略을 敢行할 强國이 無할 것이라. 그러할진대 韓國을 合倂한 最大理由가 이미 消滅되얏을 쑨더러, 從此로 朝鮮民族이 無數한 革命亂을 起한다 하면 日本의 合倂된 韓國은 反하야 東洋平和를 攪亂할 禍源이 될지라. 吾族은 正當한 方法으로 吾族의 自由를 追求할지나, 萬一 此로써 成功치 못하면 吾族은 生存의 權利를 爲하야 온갓 自由行動取하야 最後의 一人까지 自由를 爲하는 熱血을 濺할지니 엇지 東洋平和의 禍源이 아니리오. 吾族은 一兵이 無호라. 吾族은 兵力으로써 日本을 抵抗할 實力이 無호라. 然하나 日本이 萬一 吾族의 正當한 要求에 不應할진대 吾族은 日本에 對하야 永遠의 血戰을 宣하리라.

吾族은 久遠히 高等한 文化를 有하얏고 半萬年間 國家生活의 經驗을 有한 者 _ 라. 비록 多年 專制政治의 害毒과 境遇의 不幸이 吾族의 今日을 致하얏다 하더라도 正義와 自由를 基礎로 한 民主主義의 上에 先進國의 範을 隨하야 新國家를 建設한 後에는 建國 以來 文化와 正義와 平和를 愛護하는 吾族은 반다시 世界의 平和와 人類의 文化에 貢獻함이 有할지라. 玆에 吾族은 日本이나 或은 世界各國이 吾族에게 民族自決의 機會를 與하기를 要求하며, 萬一 不然하면 吾族은 生存을 爲하야 自由行動을 取하야써 吾族의 獨立을 期成하기를 宣言하노라.

朝鮮靑年獨立團 代表者

崔八鏞, 金度演, 李光洙, 金喆壽, 白寬洙, 尹昌錫

李琮根, 宋繼白, 崔謹愚, 金尙德, 徐椿

決議文

一, 本團은 日韓合併이 吾族의 自由意思에 出하지 아니하고 吾族의 生存과 發展을 威脅하고 또 東洋의 平和를 攪亂하는 原因이 된다는 理由로 獨立을 主張함.

二, 本團은 日本議會 及 政府에 朝鮮民族大會의 決議로 吾族의 運命을 決할 機會를 與하기를 要求함.

三, 本團은 萬國講和會議에 民族自決主義를 吾族에게도 適用하게 하기를 請求함. 右目的을 達하기 爲하여 日本에 駐在한 各國 大公使에게 本團의 主義를 各其 政府에 傳達하기를 依賴하고 同時에 委員 二人을 萬國講和會議에 派遣함. 右委員은 旣히 派遣한 吾族의 委員과 一致行動을 取함.

四, 前項의 要求가 失敗될 時는 吾族은 日本에 對하여 永遠의 血戰을 宣함. 此로써 生하는 慘禍는 吾族이 그 責에 任치 아니함.

저자 후기

한국의 대학 국문학과에서 쓰인 박사논문과 석사논문 가운데에는 이광수에 관한 것이 가장 많다. 이광수의 문학이 질이나 양으로 압도적이기 때문이기도 하지만, 1962년부터 삼중당에서 한국 최초의 개인전집인《이광수전집》전20권이 간행돼 연구가 용이해진 것도 간과할 수 없는 이유다. 연보 외에 작품, 작중인물, 인명人名, 출처의 색인까지 붙여진 당시로서는 획기적인 전집이었다.

이 전집이 간행된 배경에는 남편의 작품을 꾸준히 수집해온 아내 허영숙의 열의가 있었다. 자식들을 미국으로 유학 보낸 후 그녀는 효자동 자택을 지키며 남편의 저작을 정리했다. 1955년에 간행한 서한집《사랑하는 영숙에게—이광수 애정서한실록집》도 그 가운데 하나인데, 이 서한집에 수록한 〈남편·

춘원을 생각하고〉에서 허영숙은 만날 수 없는 남편에 대한 애틋한 심경을 토로함과 동시에 1946년 5월 두 사람이 이혼하게 된 경위에 대해 언급하고 있다.

해방 이듬해에 두 사람이 협의이혼을 하자 세간에서는 반민족행위처벌법에 의한 재산 몰수를 피하기 위한 것이라는 말이 돌았다. 그러나 허영숙의 이야기에 따르면, 그것은 이유 가운데 하나에 불과하고 가장 큰 이유는 성장 배경의 차이에서 오는 경제관념의 차이 때문이었다고 한다. 그때까지만 해도 상인 집안의 딸로 자란 자신에게 남편의 청빈사상은 위선으로밖에 보이지 않았다는 것이다. 그리고 또 한 가지 이유는 남편을 연모해 주위를 맴도는 여성들(열 명 정도가 있었다고 한다)에게 질린 탓이었다고 한다. 이정화 씨는 부모가 티격태격 이혼 신고를 한 뒤 그 기사가 실린 신문을 함께 웃으며 보았다고 회상한다. 그 후 줄곧 이혼 상태였다는 이정화 씨의 이야기는 놀라웠지만, 이 부부에게 그런 일은 큰 문제가 아니었을 것이다.

1975년 허영숙은 봉선사에서 이광수 기념비 건립 준비를 하던 도중 쓰러져 영면했다. 마지막까지 이광수를 위해 온 힘을 다한 인생이었다.

두 사람 사이에 태어난 차남 이영근 씨, 장녀 이정란 씨, 차녀 이정화 씨는 각각 미국 대학에서 박사를 취득해 교수가 되었고, 지금도 미국에 살고 있다. 저자는 춘원연구학회에서 이정화 씨와 알게 되었다. 그 인연으로 2012년 봄 필라델피아에 있는 그녀의 집에서 3일간 묵었고, 그녀의 차로 볼티모어까지 가서 그곳에 거주하고 있는 이영근 씨와도 이야기를 나누었다. 당시 78세였던 이정화 씨의 기지와 유머 넘치는 이야기는 매우 근사했고, 84세였던 이영근 씨의 기억력도 놀라웠다. 하지만 무엇보다 커다란 수확은 이광수를 현재와 연결되어 있는 사람으로 느낄 수 있었다는 점이다.

그해 말 저자는 이정화 씨에게 이 책에도 등장하는 일본인 산파 다카하시 마사의 아드님인 다카하시 간야高橋幹也 씨가 건재하다는 소식을 들었다. 그리고 2014년 1월 다카하시 씨가 살고 있는 이와테현岩手縣 기타카미시北上市를 방문했다.

허영숙과 다카하시 마사의 교제는 가족 전체의 교제로 이어져 두 가족은 종종 서로의 가정에서 식사를 하고 게임을 즐겼다. 1945년 봄 경성중학을 졸업하고 경성의전에 입학한 다카하시 간야 씨는 7월에 결핵이 발병해 산원의 병실에 입원하여 허영숙의 간호를 받았는데, 패전의 혼란 속에서 집을 잃은 온 가족이 그곳에 함께 거주하며 11월 귀국할 때까지 신세를 졌다고 한다.

다카하시 씨의 이야기를 들으면서 허영숙이라는 여성의 강한 심지, 이광수 집안의 분위기 그리고 이를 둘러싸고 있던 경성이라는 도시의 공기가 피부에 와 닿았다. 이 또한 이광수를 현재와 연결되어 있는 사람으로 느낄 수 있었던 경험이었다. 이 자리를 빌려 이영근 씨, 이정화 씨 그리고 다카하시 간야 씨에게 진심으로 감사드린다.

이광수가 지냈던 사릉의 집은 지금도 남아 있다. 그 집을 부친의 기념관으로 만들고 싶다는 것이 이정화 씨의 바람이지만, '친일' 이미지 탓에 쉽지 않은 모양이다. 한국에서 이광수는 아직도 '현재형'이다. 하루라도 빨리 사릉에 '춘원·이광수기념관'이 생기기를 바라 마지않는다.

***

쥬오코론신샤中央公論新社의 시라토 나오토白戸直人 씨에게 이광수 평전 집필을 의뢰받은 것은 2009년 여름이었다. 처음에는 이광수의 후반기 생애를 쓸 자신이 없어서 거절했는데, 이광수라는 작가의 존재를 일본인에게 알리고 싶다는 시라토 씨의 열정적인 말에 마음이 움직여 쓰기로 결심했다. 시라토 씨의 지극한 권유가 아니었다면 이 책은 나오지 않았을 것이다. 그러나 그때부터 이광수의 후반기 생애를 연구하기 시작한 까닭에 집필에 오랜 시간이 걸리고 말았다. 시라토 씨에게는 진심으로 감사와 사죄의 말씀을 드린다.

이광수는 우리 일본인에게 '창窓'과 같은 존재라고 생각한다.

그를 통해 우리는 메이지시대에서 패전에 이르기까지 일본의 다양한 모습을 본다. 일본의 근대에 번롱翻弄당한 식민지 작가 이광수는 항상 일본을 주시하고 있었다. 그의 눈에 비친 일본은 우리가 생각하는 일본과 다를지 모르지만, 이 역시 일본의 모습인 것이다. 그러고 보니 이광수의 아명은 보경寶鏡, 그는 부친이 노승에게 안경을 받는 꿈을 꾸고 얻은 자식이었다.

2015년 5월

하타노 세츠코

옮긴이의 글

이 책은 일본 쥬오코론신샤中央公論新社에서 쥬코신서中公新書의 하나로 간행된 하타노 세츠코의 이광수 평전을 번역한 것이다. 일본에서는 《이광수—한국 근대문학의 아버지와 '친일'의 낙인韓國近代文學の祖と'親日'の烙印》(2015)라는 제목으로 간행되었고, 간행 당시 《마이니치신문每日新聞》, 《요미우리신문讀賣新聞》 등의 주요언론에 의해 주목받으며 크게 호평받았다. '한국 근대문학의 아버지'이자 '친일파'의 대표자로서 오늘날 여전히 찬사와 비난의 양극을 오가는 이광수의 파란만장한 삶과 문학을 추적한 일본 최초의 평전이라는 점과 더불어 특히 이광수의 삶과 문학을 통해 과거 일본의 모습을 응시하고 있는 저자의 시선이 높이 평가되었다.

《이광수, 일본을 만나다》는 일본의 한국문학 연구자로서 오랫동안 이광수와 근대일본의 관계에 천착해온 저자의 입장을 좀 더 강조하여 붙인 제목이다. 《《무정》을 읽는다》(2008) 이래 《일본유학생연구》(2012), 《이광수의 이언어二言語 창작에 관한 연구》(근간)에 이르기까지 이광수의 삶과 문학에 대한 저자의 관심은 줄곧 근대일본에 대한 문제의식을 관통해왔다. 그간의 연구 성과를 바탕으로 집필한 이 책 또한 이러한 문제의식의 연장선상에 놓여 있는 것은 말할 것도 없다. 한국의 근대작가 이광수의 삶과 문학을 다룬 이 평전에서 청일·러일전쟁과 더불어 제국주의의 길로 들어선 이래 만주사변·중일전쟁을 거쳐 결국 태평양전쟁의 파국에 이르는 근대일본의 모습을 선명하게 들여다 볼 수 있는 있는 것은 바로 이 때문이다.

저자가 이광수 연구에 발을 들여놓게 된 계기는 《무정》을 읽으며 어딘가 낯익은 사고와 정서를 느꼈고, 그런 작품이 한국의 작가에 의해 쓰인 이유가 궁금해서였다고 한다. 처음에는 막연한 궁금증에 불과했지만, 그것이 이광수와 근대일본의 숙명적인 관계를 예비한 질문이었다는 사실을 저자가 깨닫기까지는 그리 오랜 시간이 걸리지 않았다. 《무정》을 이해하기 위해 관련 논문을 준비하고 방대한 분량의 본격적인 세 편의 연구 논문을 쓰는 과정에서 저자가 맞닥뜨린 것은 역설적이게도 사회진화론을 비롯하여 메이지시기 이래 근대일본을 움직여

왔던 다양한 사조와 사상들이었던 까닭이다. 《조선근대문학선집朝鮮近代文學選集》의 제1권으로 저자가 직접 번역 간행한 일본어판 《無情》(2003) 해설에서는 《무정》을 메이지시기 이래 쇼와 시기에 이르는 '우리들의 과거를 비추는 거울' 이라고 소개하고 있기도 하다.

한국 근대작가의 삶과 문학에 근대일본이 깊숙이 관여하고 있다는 이러한 깨달음은 이후 일본유학생의 사상과 동향, 나아가 이들의 활동을 규제했던 근대일본의 물적·제도적 조건에 관한 보다 구체적인 연구로 이어졌다. 그리고 이 과정에서 《신한자유종》을 비롯해 《홍수 이후洪水以後》에 실린 두 편의 투고글 등 관헌 자료를 통해 발굴한 다양한 자료들, 그리고 2차 유학시절 《매일신보》와 《경성일보》를 무대로 한 이광수의 활동에 대한 깊이 있는 천착은 1910년대 혹독한 감시체제하의 이광수의 삶과 문학을 한층 입체적으로 조망할 수 있는 길을 열어주었다. 저자가 이광수 연구사에 남긴 커다란 족적으로서 특기해둘 만하다.

근대일본의 광포함이 이광수의 삶과 문학에 어느 때보다도 깊은 상흔을 남긴 것은 역시 중일전쟁에서 태평양전쟁에 이르는 시기라고 해야 할 것이다. 이광수 자신 솔선하여 창씨개명에 나서고, 내선일체를 부르짖고, 일본어로 글을 쓰고, 조선의 청년들에게 황군皇軍이 되어 전장에 나가 싸울 것을 촉구했던 이른바 '대일협력'의 시기. 이 시기에 관한 연구가 주를 이루고 있는 최근의 연구에서도 저자는 이광수의 대일협력행위 그 자체에 주목하기보다는 그것을 강제했던 당대의 시대적 공기를 포착하는 데 주력하는 한편, 이광수의 일본어 문장에 관해서도 그것이 쓰인 맥락을 섬세하게 고려하여 재해석함으로써 민족과 반민족의 경계를 조심스레 허물어뜨리고 있다. 인간은 하나의 논리로 재단할 수 없고 그래서도 안 된다는 저자의 인간관이 혹독한 시대 상황과 더불어 민족의 지도자라는 위치에서 이광수가 직면해야 했던 거대한 모순과 갈등을 직시케 하는 힘이 되어주었던 것이 아닐까 싶다.

《무정》100년의 해를 앞두고 문인협회에서 춘원문학상을 제정했다는 소식이 들리더니, 아니나 다를까 이에 반대하는 비판의 목소리 또한 거세지고 있다는 소식이 들려온다. '한국 근대문학의 아버지' vs '친일파＝민족의 죄인'이라는 해방 이후 오늘날까지 지속되어온 이광수에 대한 해묵은 논란이 고스란히 재현되고 있는 형국이다. 하지만 정작 우리사회는 '한국 근대문학의 아버지'로서의 이광수, 그리고 대일협력시기의 이광수에 대해서 정작 얼마나 알고 있는 것일까. 작가로서의 '춘원 이광수'와 대일협력자로서의 '가야마 미츠로香山光郎'가 과연

일반적인 통념대로 문학과 정치, 민족과 반민족의 잣대로서 칼로 무 자르듯 나눌 수 있는 것일까.

근대일본과의 관계 속에서 이광수의 삶과 문학이 놓인 자리를 꼼꼼하게 추적하고 있는 저자는 결코 그렇지 않다고 말한다. 한국 근대문학사에서 이광수만큼 서로 모순되고 대립하는 다양한 계기들을 껴안은 채 한국 근대사를 관통해온 작가도 드물다고 한다면, 이광수의 삶과 문학을 정당하게 이해하고 평가하는 길은 무엇보다도 우선 그 모순과 대립의 계기들을 제대로 이해하는 데서 시작되어야 함을 일깨우는 책이다. 이 책의 번역 간행이 《무정》 100년과 춘원문학상 제정 논란을 계기로 재점화된 이광수를 둘러싼 해묵은 논란을 차분하게 재점검하고, 문학과 정치, 민족과 반민족의 이분법 아래 우리사회가 애써 외면해온 무의식의 심연을 들여다보는 데 조금이나마 기여할 수 있기를 기대해 본다.

2016년 8월
뜨거운 여름 한낮의 연구실에서
최주한

찾아보기

【ㄱ】

이광수, 일본을 만나다

◉ 2016년 9월 15일 초판 1쇄 발행
◉ 2024년 7월 19일 초판 3쇄 발행
◉ 글쓴이   하타노 세츠코
◉ 옮긴이   최주한
◉ 펴낸이   박혜숙
◉ 펴낸곳 도서출판 푸른역사
    우) 03044 서울시 종로구 자하문로8길 13
    전화: 02)720-8921(편집부) 02)720-8920(영업부)
    팩스: 02)720-9887
    전자우편: 2013history@naver.com
    등록: 1997년 2월 14일 제13-483호

ⓒ 푸른역사, 2024

ISBN   979-11-5612-079-7   03900